Excelを使った アンケート調査

Excelによるアンケート集計システムを使う

岩田安雄／小田真由美●共著

■ Excel ファイルのダウンロードについて

　本書で紹介されている Excel ファイルは、一部を除いてインターネット上のダウンロードサービスからダウンロードすることができます。詳しい手順については、本書の巻末にある袋とじの内容をご覧ください。

　なお、ダウンロードサービスのご利用にはユーザー登録と袋とじ内に記されている番号が必要です。そのため、本書を中古書店から購入されたり、他者から貸与、譲渡された場合にはサービスをご利用いただけないことがあります。あらかじめご承知おきください。

本書で取り上げられているシステム名／製品名は、一般に開発各社の登録商標／商品名です。本書では、™ および ® マークは明記していません。本書に掲載されている団体／商品に対して、その商標権を侵害する意図は一切ありません。本書で紹介している URL や各サイトの内容は変更される場合があります。

はじめに

アンケート調査には、さまざまな壁や落とし穴が潜んでいます。たとえば、

- 調査票が設計できない
- 調査票ができても、回答者が回答できない
- 回答者は回答できるが、ほとんど、みんな同じ回答になってしまった
- 調査票は回収できたが、自由記述が多く、集計できない
- 集計することはできたが、ここから何がいえるのか、いうべきか見当がつかない
        :

などなど、数えれば切りがありません。しかも、そうした失敗を乗り越えるために、はじめからやり直さなければならなかったり、やり直すだけの時間も労力も残されていなければ、結局あきらめざるをえないという状況に追い込まれてしまうことになります。

　本書の目的は、アンケート調査の全体を俯瞰し、つまり最小限やるべきことを網羅して、アンケート調査に潜むワナを回避しながら、そうした失敗を避けることです。それは、

- 店頭における来店客を対象とした調査
- 取引先の担当者を対象とした調査
- 学園祭における研究発表の来場者を対象とした調査
- ゼミで取り組む課題のための調査
- 卒業研究や、授業課題で用いるための調査
        :

など、ちょっとしたアンケート調査であっても、失敗を避けるために必要なことを整理しています。

　また、どんな調査であっても、調査票の印刷、配布、回収、最近ではそれをWeb上で行うにしても、人件費を含めたコストが発生します。ついては、そのコストに見合う、またはそれ以上の成果を報告書というアウトプットにまとめることが求められます。したがって、どんな報告書を目指すのか、つまりゴールを明確にすることによって、おのずと、その取り組みが決まるといっても過言ではありません。

iii

つまり、アンケート調査の全体を見通し、一連のプロセスでやるべきことがらや注意すべき点を整理し、また、実際の事例に触れることによって、たとえ、それらは疑似体験であっても、アンケート調査に潜む壁や落とし穴を避けることが期待できます。

　ただし、多くの入門書が統計処理を前提に展開されているのに対し、本書では、統計処理を必要最小限に留めることによって、最初にして最大の壁を避けようとしています。それはあらゆる分析手法や計算方法を理解しなければ、アンケート調査が始められないという呪縛から解き放ち、必要になったときに追加すればよいというルートを取りました。それは本書の目的がプロのリサーチャーを養成することではなく、より多くの初心者がアンケート調査のプロジェクト全体を俯瞰できるようにするためです。より高度な統計分析はそれが必要になったとき、必要と考えた方法を追加する方が、モチベーションも高く、はるかに効果的、効率的といえるでしょう。

　また、本書で紹介している、表計算ソフト Excel のマクロで動くアンケート集計システムがダウンロードできます。このシステムでは、入力したデータのエラーチェック、単純集計、クロス集計などを簡便に行うことができます。もちろん、このシステムを使用しなくても表計算ソフトでそれらを行うことは可能です。しかし、表計算ソフトによる処理のように、何度も同じ処理を繰り返すことなく、マクロで効率的に処理する様子を確認することによって、実際の調査でありがちな、

● データに誤りがあり訂正してから集計し直す
● 別の角度から集計し直す

などなど、さまざまなトラブルにも適切に対応することができます。なぜなら、そうした処理はマクロによってほぼ自動的に行うことができるので、データ処理のための操作に多くの時間を費やすことなく、なるべく多くの時間を、報告書作成を含めた後処理に使えることを確認するためです。

著者一同

目　次

はじめに iii

第1部　計画編……1

第1章　アンケート調査とは..3

1.1　社会調査とは 3
1.2　調査対象 4
1.3　調査主体 5
1.4　調査目的 6
1.5　調査内容 7
1.6　調査方法 8
1.7　アンケート調査とその方法 9
1.8　アンケート調査のプロセス 11

第2章　アンケート調査の企画 13

2.1　調査テーマの決定 14
2.2　調査目的の決定 15
　　2.2.1　実態調査 15
　　2.2.2　提案調査 16
2.3　既存調査資料の収集、分析 17
　　2.3.1　官庁統計 17
　　2.3.2　学術調査 18
　　2.3.3　民間調査 18
　　2.3.4　インターネットの有効活用 19
　　2.3.5　政府統計の総合窓口（e-Stat）の活用 25
　　2.3.6　添付ファイルの形式 29
2.4　調査仮説の設定 30
　　2.4.1　仮説とは 31
　　2.4.2　なぜ、調査仮説が必要か 33

v

	2.4.3	仮説設定のアプローチ	34
	2.4.4	統計データの傾向	38

2.5 調査対象者の選定 **41**

	2.5.1	全数調査	41
	2.5.2	標本調査	41

2.6 調査方法の決定 **44**

2.7 調査企画書 **45**

第3章　アンケート調査票の設計 47

3.1 質問の形式 **47**

3.2 質問の区分 **49**

3.3 質問文の設計 **50**

3.4 選択肢の設計 **54**

	3.4.1	択一項目の選択肢	54
	3.4.2	評定項目の選択肢	56
	3.4.3	複数選択項目の選択肢	56
	3.4.4	計量項目の場合	57

3.5 質問順序の考察 **58**

3.6 調査の協力依頼文 **60**

3.7 質問票の最終確認 **61**

第2部　実践編……63

第4章　アンケート集計システムの利用法（利用者マニュアル）............ 65

4.1 アンケート集計システムの概要 **66**

	4.1.1	保護ビューの解除	66
	4.1.2	Excel マクロの利用	66
	4.1.3	ブックの構成	68
	4.1.4	メニュー画面（「Top」シート）	69

4.2 データ定義とそのエラーチェック **70**

	4.2.1	データ定義	70
	4.2.2	データ定義エラーチェック	76

4.3 データ入力とそのエラーチェック **78**

	4.3.1	データフレームの作成	78

	4.3.2	回答データの入力	79
	4.3.3	データエラーチェック	81

4.4　単純集計 85

4.5　クロス集計 89

	4.5.1	集計パラメタ入力	89
	4.5.2	択一項目の集計	91
	4.5.3	複数選択項目の集計	93
	4.5.4	数値項目としての集計	93

第5章　アンケート調査の実施 97

5.1　質問票の回収とその整理 97

	5.1.1	目視チェック	97
	5.1.2	ナンバリング	98
	5.1.3	アフターコーディング	98

5.2　データ入力 99

	5.2.1	OMR の利用	99
	5.2.2	OCR の利用	100
	5.2.3	手入力	100

5.3　エラーチェック 105

	5.3.1	範囲エラー	105
	5.3.2	条件エラー	106
	5.3.3	回答数エラー	107

5.4　回収サンプルの確認 108

第6章　集計と分析 109

6.1　カテゴリーデータの集計・分析 110

	6.1.1	カテゴリーデータの単純集計	110
	6.1.2	カテゴリーデータのクロス集計	112
	6.1.3	カテゴリーデータの検定	117

6.2　計量データの集計と分析 123

	6.2.1	要約統計量	123
	6.2.2	計量データのクロス集計	129
	6.2.3	相関分析	129
	6.2.4	回帰分析	131

6.3　グラフの活用 134

	6.3.1	棒グラフ	134
	6.3.2	円グラフ	135

	6.3.3	帯グラフ	136
	6.3.4	3D グラフ	138
	6.3.5	箱ひげグラフ	139
	6.3.6	散布図	139
	6.3.7	ヒストグラム	141

第7章　顧客満足分析　147

7.1　データの収集　147

7.2　データの整理　149

7.3　縦組み表への入れ替え　150

7.4　標準化と CS グラフ　152

7.5　改善度指標の計算　153

第8章　調査報告書の作成　159

8.1　文章の種類　159

8.1.1	研究論文	160
8.1.2	リポートとは	161

8.2　分かりやすい文章　162

8.2.1	句読点の使い方	163
8.2.2	二重否定を用いない	164
8.2.3	正確な表現	165

8.3　慎むべき表現　166

8.4　文章の仕上げ　168

8.4.1	構想と確認	168
8.4.2	文章の透明感	169

8.5　調査報告書の作成　170

8.5.1	調査報告書とは	170
8.5.2	調査報告書の構成	172
8.5.3	調査報告書の要約	173
8.5.4	調査報告書の具体例	174

第3部 事例編……179

第9章　学園祭研究発表の来場者アンケート………181

9.1 アンケート調査の企画………181
- 9.1.1 背景………181
- 9.1.2 調査目的………182
- 9.1.3 仮説の設定………182
- 9.1.4 調査対象の選定………183
- 9.1.5 調査方法の決定………183
- 9.1.6 アンケート企画書………183

9.2 アンケート帳票の設計………185
- 9.2.1 回答者属性についての質問………185
- 9.2.2 研究発表についての質問………185
- 9.2.3 健康に対する意識についての質問………186
- 9.2.4 協力依頼文の作成………187
- 9.2.5 質問票の最終確認………188

9.3 アンケートの実施………189
- 9.3.1 アンケート集計の準備………189
- 9.3.2 データの入力とエラーチェック………194

9.4 集計とグラフの作成………195
- 9.4.1 アンケート回答の集計（単純集計）………195
- 9.4.2 単純集計とグラフ（円グラフ）………195
- 9.4.3 クロス集計………198
- 9.4.4 クロス集計とグラフ………202

9.5 報告書の作成………206
- 9.5.1 アンケート調査の概要………207
- 9.5.2 来場者のプロフィール………208
- 9.5.3 健康に関する意識と研究発表に対する感想について………213
- 9.5.4 感想と実践したいこと………217
- 9.5.5 感想と見やすさ………218
- 9.5.6 健康に関する意識と動機づけの関連について………218
- 9.5.7 考察………221

第10章　社員食堂の満足度調査………223

10.1 アンケート調査の企画………223
- 10.1.1 背景………223
- 10.1.2 調査目的………223

10.1.3 調査仮説の設定...224

10.1.4 調査対象者の選定...224

10.1.5 調査方法の決定...225

10.2 アンケート調査の設計...227

10.2.1 回答者属性についての質問...227

10.2.2 社員食堂についての総合評価...227

10.2.3 社員食堂についての個別評価要素.....................................228

10.2.4 協力依頼文...230

10.2.5 質問票の最終確認...231

10.3 アンケート調査の実施...232

10.3.1 回収サンプルの確認...233

10.4 集計と分析...233

10.4.1 総合評価...233

10.4.2 個別要素...234

10.4.3 顧客満足分析...237

10.5 報告書の概要...239

10.5.1 アンケート調査の実施状況...239

10.5.2 調査回答者の属性...240

10.5.3 個別要素ごとの評価...242

10.5.4 改善項目...245

10.5.5 まとめと提言...247

参考文献...249

索 引...250

第1部 ■ 計画編

　まずはじめに、アンケート調査を回答者にお願いするまでの準備として、何が必要で、どんなことをしなければならないのか、すなわち、アンケート調査プロジェクトの往路について見てみましょう。

第1章
アンケート調査とは

「アンケート調査」とは何でしょうか？　意外と答えにくいですね。それは幅も奥行きも広く、さまざまな要素を含んでいるためかもしれません。まずは、アンケート調査という方法から詳しく見ていくことにしましょう。

1.1　社会調査とは

アンケート調査も社会調査の一つとされています。では社会調査とは何でしょうか。社会調査も「あることがらを明らかにするために調べること」ですが、大きく2つに分類されています。

その一つは事例的社会調査という方法で、たとえば、ある特定の人たちの健康状態を医者の診察、職場や地元の健康診断や人間ドックや本人へのインタビューなどによって調べる方法で、個々のケースに注目する方法です。

もう一つは統計的社会調査といわれるもので、特定の個人ではなく国民全体の健康状態を調べるための、たとえば厚生労働省の国民生活基礎調査のような調査です。そこでは、ある特定個人を調べるのではなく、多くの人の健康状態を調べます。つまり、自覚症状、通院、日常生活への影響、健康意識、悩みやストレスの状況、こころの状態、健康診断の受診状況などの多くのことを、多くの人、世帯、法人などに対して調査し、その結果を集計し、分析します。個々の状況や現象を事例としてではなく、全体についてまとめる点に最大の特徴があります。

第1部　計画編

　アンケート調査とは、あらかじめ用意した質問についての多くの回答を集計、分析し、そこから有益な情報を導き出す、統計的社会調査といえます。

1.2　調査対象

　これは誰を対象とする調査か、という分類です。たとえば、天候や地殻変動や火山現象、海流や水温、放射線量のような自然現象ではなく、人間にまつわる社会現象の調査を行おうとするとき、誰を対象とすべきかという問題です。この調査対象によっては結果が変わってしまうことから、適切な対象設定がされなければなりません。

（1）個人

　個人を対象とする調査ですが、さらに、学生、男子学生、就職内定学生というように、対象を絞り込む場合もあります。

（2）世帯

　世帯を対象とする調査の中では、国勢調査が最も大規模にして有名です。また、家計調査も世帯を対象に行われています。

（3）企業、団体

　企業調査であれば、中小企業や個人企業を含めて本社が対象となりますが、事業所調査であれば、その本社以外に、製造拠点（工場）、販売拠点（営業所）、物流拠点などが含まれます。

（4）その他

　これは、上記以外の、たとえば、車両、船舶、設備、機械などを対象とする特殊な調査ですが、実際に回答するのは、その所有者ですから、所有者調査というべきかもしれません。

1.3 調査主体

これは誰が行う調査かという分類です。誰が行っても調査に変わりはないわけですが、調査の目的が変わってきます。

(1) 官庁統計

これは、「統計法」という法律によって、国が行うべきことが決められている調査で、国勢調査や人口動態調査のように大規模な調査では、国がやるとはいえ、実際の事務は地方自治体が窓口として実施されています。これらの調査は情報基盤と位置付けられ、国や地方自治体ばかりでなく、民間も含めて、社会全体で利用するために行われます。

(2) 公的調査

統計法に基づく官庁統計以外に、各省庁や地方自治体がその問題意識から独自に行う調査です。

(3) 学術調査

こちらは研究者の学問的な問題意識から行われている調査で、単発的な調査というよりは、経年変化をとらえるような継続的な取り組みに特徴があります。

さらには、いくつかの大学や、何人かの研究者が共同して行うのではなく、大学単独、あるいは担当教員が独自に行う調査もあります。

(4) 民間調査

これは、個々の企業や、その研究所が独自に行う調査で、一般的に公開されない場合が多いようです。自社の企業経営に資するために単独で行われているものもありますが、調査を専門とする会社が行う調査では、その会員企業の出資に基づくので、その結果は会員向けに報告されることになります。しかし、中には企業の社会貢献としての立場から、結果が公開されているものもあります。

第1部　計画編

1.4　調査目的

　調査の目的は、以下のように大別されます。ただし、すべての調査がどちらかに分類されるというよりも、これらを組み合わせて、調査が行われることも少なくありません。

（1）現状把握

　現状が把握できていない、あるいは不十分という場合には、まず現状を把握することが調査の目的となります。たとえば、

- 我が国の人口や世帯数、高齢化や少子化の実態
- 景気の見通しや、設備投資の実態
- 若者の自殺の実態やその傾向

など、国勢調査や景気動向などの多くの官庁統計が、重要な情報基盤として利用されているのは、それらが社会の現状把握、すなわち、実態や人々の基本的な様子を客観的に示しているからといえるでしょう。

（2）課題解決・改善提案

　これは、その問題構造を明らかにしたり、その原因を特定したり、課題の改善提案をするための調査です。そこでは現状把握よりも踏み込んだ調査をするために、調査仮説の設定が求められます。調査仮説については、改めて後述しますが、たとえば、

　「若者の自殺を減少させるにはどうすべきか」
　「景気を改善するには何が必要か」

という問題意識から出発して、

　「若者の自殺は、雇用拡大によって、減少するか」
　「ゼロ金利政策は、景気の下支えに役立つか」

というように踏み込むことによって、課題を解決する糸口につなげようというわけです。

1.5 調査内容

　これは文字どおり調べる内容のことですが、現状把握や仮説探索、さらに、仮説検証による改善提案など、調査の目的によって、その内容が異なります。

(1) 実態調査

　これは官庁統計のように、社会の実態や人々の基本的な様子を情報基盤として活用できるようにするための調査ですから、おのずと、調査対象に関する実態、現状を調べることになります。

調査対象	調査項目
個人	年齢、性別、職業、収入、支出、特定消費財の所有状況、使用状況
世帯	構成人数、高齢者の有無、収入、支出、特定消費財の所有状況、使用状況
企業、団体	従業員数、出来高や消費、取り扱いの量やその金額
その他	調査対象の属性や、成果、結果など

(2) 世論調査、意識調査、意見調査

　これは、考え方、意識、感じ方などを調べるもので、その調査対象は個人や世帯、企業、団体となります。内閣の支持率や、支持政党、生活の実態、景気判断などに関する社会意識を調べたり、国論を二分するような議論に関する意見の調査です。これらは定期的に調査することによってその変化を追跡したり、微妙な変化をとらえる取り組みもなされています。

(3) 市場調査

　これは企業のマーケティング戦略に用いるための調査で、具体的に調べる内容によって以下のようなものがあげられます。

● 商圏調査

　　これは調査対象としての小売店の立地条件からどこまでが商圏として設定できるか、そこにはどれほどの人口、世帯が分布しているかといった市場規模を算出したり、その小売店の実際の顧客がどこから来店し、どういった商品を購入しているかといったことを調べる調査です。

● 消費者調査

　　これは、消費者の要求や好み、購買理由や非購買理由などからマーケティング活動や商

第1部　計画編

品開発に活用するための情報収集を目的とした調査です。

● **広告調査**

これは主に広告の効果を測定するための調査で、認知度や、選好度などから広告活動の基礎資料を得るための調査です。テレビやラジオのような広域広告と、新聞の折り込み、立て看板やのぼりなどの地域限定的な広告による、効果の把握が目的です。

なお、クーポン券の配布や、実演販売などの効果はアンケート調査によるまでもなく、販売実績の方から調べることも可能です。

1.6　調査方法

続いて、調査の方法です。ここでは、たとえば「若者のファッションに関する動向」を調べる場合について、その方法を具体的に見てみましょう。

(1) 質問法

これは、調査したいことについての質問を作成し、多くの人に回答してもらい、その回答を集計して資料とする方法です。ここでは「ファッションに関する動向」についての質問を用意し、多くの若者に回答してもらい、回答の集計結果から情報としての動向を収集するわけです。そこでは、どんなファッションが好みか、普段はどんな服装をしているか、遊びに行くときはどうか、実態や意見などを細かく聞くことができます。

(2) 観察法

これは、たとえば繁華街の若者を直接、観察し、そこから情報を引き出す方法です。しかし、マスク利用者の割合など誰にでも分かるような調査であれば問題はありませんが、若者のファッションに関する動向を調べるとなると、それなりの素養、すなわち見ただけで判断できるような造詣が調査者に求められます。したがって、誰でも調査者になれるというわけではなく、調査者には観察眼が必要です。それでも、1回調べただけでは有効な情報が入手できないとすれば、同じ場所で、何度か調べる必要がでてきます。このような調査を定点観察といいます。つまり、前回と今回の違いからその動向を導き出そうというわけです。あるいは地域特性を導き出すのであれば、同時に異なる地域を調べることで地域差を描くことになります。

第1章　アンケート調査とは
1.7　アンケート調査とその方法

（3）実験法

　これは、実際に何点かの衣類を見てもらったり、着用してもらうなどの実体験に基づく意見や、感想を広く集めて情報とする方法です。または、普段とは異なる状況を意図的に作り出し、どんな反応や意見、感想を収集できるかなど、かなり作り込んだ状況での調査が可能となります。そのために、周到な準備が求められることはいうまでもありません。

　このように、いろいろな方法がありますが、何を調べるか、どのくらいの期間や費用を割り当てることができるのか、など総合的に判断する必要があります。

1.7　アンケート調査とその方法

　さて、だいぶ遠回りをしてしまったので、本題に戻ることにしましょう。アンケート調査とは、統計的社会調査の一つで、先の質問法による調査のことです。あらかじめ質問、そして多くの場合は回答としての選択肢を用意し、その回答データを収集、集計、分析することで目的を達成しようとする方法です。ここでは、その回答データを回収する方法から見ていくことにしましょう。

（1）面接調査法

　調査者が回答者に直接、質問し、回答者の回答を聞きとって、回答を調査者が記入するという、インタビュー方式です。この方式の長所は調査員の質に応じて、信頼度の高い調査ができる点です。また、質問の意図を正しく回答者に伝えることができ、回答者の誤解を未然に防ぐことができるのも大きな長所です。ただし、調査者がつきっきりで回答を集めなければならず、効率が悪く、標本数が多くなると負担も大きくなるのが難点です。

　なお、この場合も以下のように大きく分けることができます。

● **訪問調査**

　　これは、あらかじめ回答者を特定し、その回答者に回答してもらう調査です。したがって、場所は回答者の自宅に伺ったり、会社の会議室に出向いてもらう、どこかの喫茶店で落ち合うなど、回答者への事前の依頼が必要となります。

第1部　計画編

● 街頭調査

　これは、その場で調査の主旨を説明し、協力を依頼する方法です。ただし、暇そうにしている人なら誰でもいいというわけにはいきません。たとえば、調査の対象者を中年男性だとすれば、中年男性を探さなければならないというわけです。このように、事前の調査依頼による了承を取る必要のない分、その場で了承を取らなければならず、また、回答者が調査対象として適切だったかどうかは後から判断しなければならないというのが難点です。

（2）郵送調査法

　これは、調査の依頼を含む調査票を調査対象者の自宅や勤務先に送り、調査対象者に自分で回答を記入してもらい、調査票を返送してもらう方法です。

　何といっても、調査者が動く必要がなく、調査対象者を拘束もしないため、費用を抑えることができます。特に、調査対象者が広域に分散している場合にその効果は絶大です。なにしろ、送料と返送料で済むのですから。

　ただし、この方式の最大の短所は回収率が低いことと、質問の意図を誤ったまま回答したり、投げやりな回答でも、返却されてきてしまう点です。したがって、調査票は誤解のないよう、分かりやすく記述することや、回答者の負担も考慮したり、質問も順番にも配慮するなど、細心の注意が求められます。

（3）電話調査法

　これは、調査員が回答者を訪問するのではなく、電話をかけ、アンケートへの協力を依頼し、承諾が得られれば、そこで、面接調査法のように質問に対する回答を入手する方法です。当然ながら、事前に回答者の電話番号を入手しなければならないわけですが、最近では個人情報保護の観点から、電話番号の入手や取り扱いが難しくなりつつあります。また、振り込め詐欺などへの対策から、電話に出なかったり、出てもアンケート調査への協力が得られないなど、難しさが増しているのが現状です。

　なお、調査員がそのつど、電話をかけたり、質問しながら回答を入手する、いわゆるインタビュー法の効率の悪さを取り除くため、自動音声装置を用いて、回答の回収を機械化することも可能となっていますが、こちらも機械による自動化だけに、回答者が最後まで、忍耐強くつき合ってくれることが条件です。

（4）Web アンケート

　さらに、最近ではインターネットの双方向性をいかして、Web によるアンケート調査が行えるようになりました。これは質問票という紙に印刷していた質問およびその回答（選択肢）を画面に提示し、回答を入力してもらうことで、回答を電子データとして回収でき、回答データの入力が省けるといったメリットもあります。

　ただし、不特定多数が閲覧する Web ページでは、調査対象者からの回答ではなく、必要のない回答ばかりが集まってしまったり、同じ人が何回も回答を送信してきても、はじき出すことができないなどという問題を抱えています。そこでこれらの課題を克服するため、最近は、調査会社に回答候補者の属性とともにモニターとして登録してもらい、調査会社が調査を依頼されるとその属性から、選んだ回答候補者に協力メールを発信し、回答候補者は、依頼されたアンケートに回答し結果を送信すると謝礼が受け取れるというしくみを構築している調査会社もあります。

1.8　アンケート調査のプロセス

　アンケート調査には、社会全体で利用するような大規模なものから、私的なものまで幅広くありますが、想定（見た目）以上の労力が必要となります。それは後から失敗や不具合に気がついても手遅れになるケースが少なくないためです。また、途中で失敗する大きな要因として、それぞれのステージで求められる能力が異なるという点があげられます。何とかなるという安易な取り組みではゴールまでたどり着くことが難しいからで、そういう覚悟をもって取り組む必要があるわけです。

　したがって、何人かのグループとしてプロジェクトに取り組むのであれば、全員で力を合わせ、また、ある領域が得意なメンバーにはそこを担当してもらうなど総力戦が求められます。

　それは、アンケート調査のプロジェクトの立ち上げから終結までのプロセスが長丁場であり、求められる能力がプロセスによって大きく異なっているためです。

プロセス	概要	求められる能力
企画	誰を対象に何を調べるのか 成果としてのゴールは そのための仮説は	問題意識 その領域についての深い造詣 困難に立ち向かう情熱
設計	質問項目（文）とその選択肢の設計 調査票の設計 調査協力の依頼文の作成	分かりやすく誤解のない文章作成力 調査者、回答者など立場を変える冷静さ
実施	調査票の回収 回収データの電子化 回答者の属性分布などのチェックとその対策	現場を取り仕切る判断力 リーダーシップ
データの集計・分析	回収されたデータの分析から情報（成果、結論）を抽出する	問題意識、造詣に基づく洞察力 統計的分析力
報告書の作成	上記で得られた情報を含め、調査の背景や目的や実施の方法、回収データの概要などを報告書にまとめる	論理的で説得力ある文章力

　下図は、アンケート調査のプロセスをＶ字モデルで表したものです。企画、設計という往路で、蒔いた種を、データの集計分析、報告書の作成という復路で収穫することが目指すゴールです。

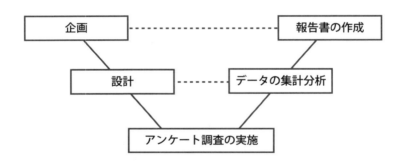

　つまり、各プロセスでその成果や進捗を確認しながらプロジェクトを進めることで、最後になって「失敗しました」という状態を避けることが重要です。

第2章
アンケート調査の企画

アンケート調査に限らず、さまざまな調査には多くの時間、コスト、労力などが必要となり、

- こんなつもりではなかった
- もっと別の質問をすべきだった
- 目的の半分も達成できなかった

といった結果に終っても、またやり直すだけの時間も労力も残されていないことが少なくありません。こうした後悔を残さないために、まず、はじめにこの企画段階をしっかり設計すること、そしてそれをメンバー全員で共有することが大切です。

そこで、この段階で明らかにしたことを調査企画書としてまとめておきましょう。ちょっとオーバーではという意見は当たりません。それは、

- はじめからおわりまでの期間が長いので、その間ぶれない調査を実施する
- 多くのメンバーの共同作業となるので、意思疎通を図る
- 担当の先生や、上司、利害関係者への説明に役立つ
- 何か予期せぬ問題が発生したときのよりどころとなる

など、多くのことが期待されるためです。

ここでは、この調査企画書をまとめることをゴールに話を進めていきます。

13

2.1 調査テーマの決定

まず、はじめに何を調べる調査か、つまり、調査対象としての問題領域をはっきりさせる必要があります。それを「調査テーマ」として、できるだけ具体的に明文化し、メンバー間で共有することが重要です。なぜなら、調査がある程度進んでから、

- 作業を進める過程でやるべきことがもれていた
- 作業を進める過程で欲張りすぎた
- 作業を進める過程で違う方向に流されてしまった

といったことを避けるためであり、何か予期せぬ問題が起こったとき、初心に戻るための指標として活用するためです。

ところで、問題領域は広がりと深さによって規定されます。もちろん、作業を進めなければはっきりしない部分もあり、はじめから「足かせ」をはめて絞り込む必要はないかもしれませんが、はっきりできる部分があれば、定義しておいた方が、無駄な時間を費やす必要がなくなります。ただし、範囲を定義することはそれほど簡単ではありません。そこで、取り扱う範囲を定義すると同時に、取り除く範囲を明確にすることで、結果的に取り扱う範囲を明らかにすることも有効です。

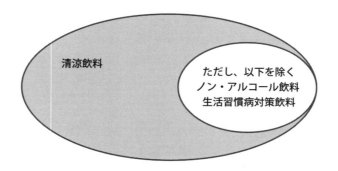

課題領域	概要	除外事項
わが国のエネルギー政策	再生可能エネルギーを中心とした活用可能性	原発を除く

課題領域	概要	除外事項
健康管理	家庭を中心とした健康管理の可能性	医療機関や、介護施設、有料老人ホームでの取り組みを除く
防災対策	大災害の発生直後の初動行動や、その阻害要因	テロを含む人為的な災害を除く

いずれにしても、分かりやすく、具体的に表現することが重要です。

2.2 調査目的の決定

　調査テーマが入口とすれば、調査結果としてどんなことがいいたいのか、いえるのか、すなわち調査のゴール、出口を調査の目的として、その方向性を示しておくことも、全体像をはっきりさせるために有効です。一般的には以下のようなゴールに分けられます。

2.2.1 実態調査

　これは実態を詳しく調べることによって、実態を正確に描き出すことを目的とする調査です。たとえば、課題領域において、

- 持っている　　　　　　　　　　42%
- 持ってはいないが将来欲しい　　39%
- 興味ない　　　　　　　　　　　 9%

など保有状況や所有願望などを明らかにしたり、

- 賛成　　　51%
- 反対　　　49%

など、多くの人がどのような意識を持っているかを調べます。
　また、先の保有状況や、賛成反対の意識でも、一様ではないとすれば、

- 年齢によって変わるか

第1部　計画編

- 使用可能な収入（小遣い）によって変わるか
- 趣味・嗜好によって変わるか
  :

など、他の要因による変化の有無や、その大きさなどもきちんと調べることによって、より掘り下げられた実態に迫る調査とすることが期待できます。

　つまり、この調査では網羅的に多くの質問をしたくなる傾向にありますが、あまりに欲張り過ぎると、回答者にも多くの負担をお願いすることになるばかりでなく、回答データの処理が膨大で報告書も膨れあがることになります。

　したがって、こうした調査においても、ある程度、的を絞ることが求められます。それは後述する仮説の項で詳しく見ることにしましょう。

2.2.2 提案調査

　これは、調査テーマが目指す問題領域に関して、何らかの改善策を提案したり、設定されている仮説を検証することで、新たな提案することを目的とする調査です。先の実態調査より、踏み込んだ調査を目指すことになります。

- 大災害における家族との連絡方法
  大災害発生時に家族との連絡が取れなくなる人の割合や、日頃の対策実態から、調査結果としての災害時対応に関する提案。
- 生活習慣病対策
  日頃の生活スタイルや、生活習慣病への意識から、調査結果としての生活習慣病対策に関する提案。

　このように、調査の目的は目指すべきゴールを明確にすることによって、プロジェクトの全体像を明確にすることになります。

16

2.3 既存調査資料の収集、分析

調査テーマと調査目的をはっきりさせることができれば、あるいはそれをはっきりさせるためにも、これまでにどんな調査が行われ、どんなデータが集められ、どんな報告がされているのか、既存調査資料を収集、分析することが有効です。つまり、膨大なコストと時間がかけられた調査報告資料ですからおおいに活用すべきでしょう。

- 十分に掘り下げた調査の目的が設定できない
- 十分に有効な質問が設定できない
- 十分に有効な選択肢が設定できない
- 十分に有効なデータ分析ができない
- 十分に説得力のある報告書が書けない

などなど、後述するさまざまな場面の壁を乗り越える基礎を与えてくれます。ですから、ここはじっくり時間をかけて調べることが大切です。逆に、このプロセスをおろそかにすると、さまざまな失敗に陥るリスクが増大するといっても過言ではないでしょう。

そこで、どんな既存調査資料が公表されているのかを概観してみましょう。ところで、調査主体の項で見たように、さまざまな団体から調査結果が公開されています。

2.3.1 官庁統計

これは総理府や各省庁が、定められた法律に基づいて行う調査、または行政上の必要性から行われる調査で、たとえば、以下のような調査が年次報告書や白書として公表されています。

調査主体	調査テーマ
総理府　統計局	消費動向調査、景気動向指数、民間非営利団体実態調査、景気ウォッチャー調査、国民生活選好度調査、男女間における暴力に関する調査、四半期別 GDP 速報、国民経済計算確報、民間企業資本ストック…
総務省　統計局	国勢調査、人口推計、住民基本台帳人口移動報告、家計調査、消費者物価指数（CPI）、労働力調査、就業構造基本調査…
厚生労働省	人口動態調査、国民生活基礎調査、中高年者縦断調査、国民医療費、障害福祉サービス等経営実態調査、生活のしづらさなどに関する調査…

第1部　計画編

調査主体	調査テーマ
国土交通省	建築着工統計調査、航空輸送統計、主要建設資材需給・価格動向調査、建設総合統計、土地関連統計調査、大都市交通センサス…
通商産業省 経済産業省	経済産業省生産動態統計、経済産業省企業活動基本調査、情報通信業基本調査速報、商品流通調査、工業統計調査、商業統計調査…
文部科学省	学校基本調査、児童生徒の問題行動等生徒指導上の諸問題に関する調査、学術情報基盤実態調査、体力・スポーツに関する世論調査…

などなど、膨大な資料が公開されています。

2.3.2　学術調査

　学術調査とは、大学などの研究機関が、その研究推進を目的として基礎資料とするために行われているもので、以下のような調査結果が公表されています。

調査	概要
SSM 調査	これは、1955 年以来 10 年に一度、社会学者による全国規模で実施される、後述する 2 つの調査とともに、日本最大規模の調査で、日本の 3 大社会調査の一つとされています。社会階層構造（不平等の構造）と社会移動（社会的地位の変化）について調査されています。具体的な目的は日本社会にどのような不平等構造（さまざまな社会的資源の不平等分配の状態）があるか、また社会的地位（階層的地位、具体的には職業）はどのようなメカニズムで形成されているか、社会や不平等に対する認識の違いの解明などを目的としています。
国民性調査	統計数理研究所の調査科学研究センターが実施している調査で、日本人の長所や、生活水準と将来への見通し、生活意識の変化とその傾向など、日本人の特性に関する調査結果が公開されています。
国民生活時間調査	NHK 放送文化研究所が実施している日本人の生活時間を定点観測的に調べた調査で、定期的に発表されています。
東日本大震災調査	日本学術研究会が中心となって、記録の保存や科学的に分析し、その教訓を次世代に伝承し、国内外に発信するための学術調査が行われています。

2.3.3　民間調査

　民間調査の多くは、企業が抱えている固有の課題を解決するための基礎資料を収集することが目的で、多くは公表されていなかったり、またはほとんどが有償となっている場合が多いようです。しかし中には、以下のように無償で公開されているものもあります。

18

調査主体	調査テーマ
博報堂　生活総研	その時代、時代のホットな話題をテーマとした調査結果が公表されています。
NHK　放送文化研究所	国民生活時間調査、世論調査
電通　電通総研	消費マインド調査
三菱 UFJ リサーチ＆コンサルティング	スポーツツーリズムに関する意識調査
ソニー損保	新成人のカーライフ意識調査
野村総合研究所	生活者一万人アンケート調査
日本リサーチセンター	余暇活動についての調査
ソニー生命保険	シニアの生活意識調査
ワコール	ワーキングマザーの仕事と育児の両立に関する意識調査

また、公共団体や自治体が、独自に行っている調査もあります。

調査主体	調査テーマ
公益財団法人横浜市体育協会	横浜市民スポーツ意識調査
相模原市	防災アセスメント調査
千葉市	若者の文化芸術に関する意識調査

2.3.4　インターネットの有効活用

　以上の調査結果が公表されているといっても実物を入手するためには、出版物として購入するか、図書館で借りることになりますが、一般的な図書館では、こうした資料の多くは禁帯出となっており、図書館内で閲覧しなければならない場合が多いようです。その点、インターネットを活用すれば、自宅に居ながらにして調査結果を閲覧したり、調査報告書のすべてや、その要約や調査データなどをダウンロードすることもできる場合もあり、たいへん便利です。

　ただし、それらを入手、閲覧するためには、その所在を指定する必要があります。そこで、どこにどんなデータや情報があるかを調べるシステムが必要となり、さまざまな検索エンジンが開発されました。今日ではさらにさまざまな機能が付加され、検索機能を一つのサービスとして提供する Web サイトが利用されるようになりました。

　ここでは、Google を例にその利用方法を見てみましょう。

(1) キーワード検索

　全世界に広がるインターネット上の情報をキーワードによって検索します。以下はキーワードに「スポーツ人口」を指定した結果です。

　ここでは、760万件が検索されています。キーワードをどのように指定するのかによって、その検索結果が変わってきますので、いかに的確なキーワードを指定することができるかが重要となります。

　ただし、この検索件数には信頼性に欠ける例が報告されています。たとえば1ページ目、2ページ目…というように読み進むに従い件数が変わったり、後で説明する絞り込み検索にも関わらず、絞り込まれずに逆に増えてしまうといった具合です。では、まったくのデタラメで役に立たない、というのも乱暴です。その検索件数は、検索されたキーワードを現物のページに当たってカウントしているのではなく、あらかじめ整理されている索引のようなインデックスから推計するため、以上の例のような誤差が生み出されているのです。

　検索件数が推計値である以上、「おおよそ、この程度か」というように、参考値と見ておく必要があるようです。

(2) AND 検索

　以上のように一般的なキーワードを指定して検索すると、たいへん多くの情報が検出されてきます。そのすべてを調べるだけでもたいへんな労力ですから、もう少し絞り込んだ検索を行う必要が出てきます。それがAND検索です。具体的には、2語以上のキーワードを空白で区切って並べます。以下はキーワードに「スポーツ人口　年齢」を指定した結果です。

65万件に絞り込むことができました。

さらに、「スポーツ人口　年齢　ジョギング　頻度」というように絞り込むと8万件に絞り込むことができます。

(3) OR検索

これは、同じ内容なのに異なる表現が用いられる場合など、別々に検索して後で整理するよりも、その両方を指定して検索する方が効率的な場合に利用します。すなわち、2つ以上のキーワードのどちらか一方でも含むという検索です。ただし、最近の検索エンジンでは、たとえば「オリンピック」と「五輪」というように同じ意味のキーワードを自動的に見つけ出してしまうので、その効果を実証することは難しくなっています。

以下はキーワードに「相撲」を指定して検索した結果です。

次に、キーワードに「格闘技」を指定して検索した結果です。

最後に、キーワードに「相撲　OR　格闘技」を指定して検索してみましょう。

(4) NOT 検索

以上のように、一般的な検索では非常に多くの情報が見つけ出されてきます。逆に、あるキーワードを除いて検索するのが、このNOT検索です。除外したいキーワードの直前に「-」(半角マイナス)を指定します。

以下は、キーワードに「格闘技　-柔道」を指定して、柔道以外の格闘技を検索した結果です。

(5) 完全一致検索

これは、自分が調べたい言葉と完全一致したものだけを検索するもので、キーワードを「"」(ダブルクウォーテーション) で囲んで指定します。

たとえば、ロンドンオリンピックでは184万件が検出されますが、"ロンドン夏季オリンピック大会" というように厳密に絞り込むと2万件しか残らないことになります。

(6) サイト内検索

　Web サイトとは、1 冊の本のように、Web ページが格納された倉庫のことで、サイト内検索とは、ある倉庫を特定し、その倉庫内にある Web ページを対象とする検索です。その倉庫を特定するために、URL を指定して検索します。URL とは Uniform Resource Locator の略で、Web サイトの名前からその所在（アドレス）に変換できるように管理されています。そこで、サイト内検索を行うためには、

　　「キーワード　site:URL」

というように、site: というキーワードで URL を特定した検索を行います。
　たとえば、「日本オリンピック委員会」が運営する Web サイトの URL

　　http://www.joc.or.jp

に限定して、ロンドンオリンピックを検索するにはキーワードに、

　　ロンドンオリンピック　site:http://www.joc.or.jp/

と指定して検索します。

　ただし、URL の中で、重要なドメイン名（joc.or.jp）が特定できれば、プロトコル名やスキー

ム名（http://www.）は省略することができるようです。

(7) 再び、検索件数

　先にキーワード検索で触れた検索件数の正確性に関する問題は、あらかじめ整理されているインデックスからの推計値によるためと説明しましたが、その対象が狭められれば、正確な件数が表示される例を見てみましょう。

　以下は、㈱カットシステムが運営する書籍出版のサイトの中から、「VBA」というキーワードを検索した結果です。

この場合には、正確に 26 件が検索されています。このように、検索対象が少なければ、推定による誤差も少なくなるようです。

2.3.5 政府統計の総合窓口（e-Stat）の活用

これは、政府が公表している各種官庁統計閲覧の入口としての Web サイトです。各省庁が個別に公表するのではなく、一括して管理するため、一般的な検索エンジンによる検索よりも、効率的に目的とする情報に辿り着けるように配慮されたサイト内検索です。その使い方を見てみましょう。統計データの探し方には 3 つの入口が用意されています。

(1) 主要な統計から探す

主要な統計（基幹統計）とは、国勢調査によって作成される国勢統計、国民経済計算（SNA）などの行政機関が作成しなければならない統計法により定められた重要な統計です。

ここから入ると、以下のように、分野別に整理された調査から、その結果を閲覧できるようになっています。

第1部　計画編

(2) 政府統計全体から探す

　これは各省庁が独自に行う調査を含めて検索するもので、ここでも以下の3つの入り方が用意されています。

①所管の省庁を選んで探す

　たとえば、先の「国勢調査」であれば「総務省」から入ることになります。

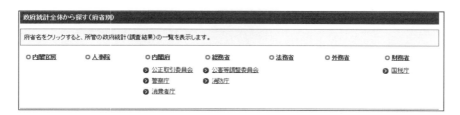

②分野を選んで探す

どこから公表されているか分からない場合には、分野を選んで探すこともできます。先の「国勢調査」であれば「人口・世帯」から入ることになります。

③統計名の頭文字から探す

統計名の頭文字から入る入口で、先の「国勢調査」であれば「こ」から入ることになります。

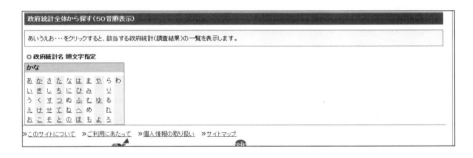

(3) キーワード検索

「キーワード検索」では、統計表ファイル内のすべての文字列が検索対象に含まれます。また、経常調査（毎月、四半期または半期ごとに実施される調査）については、検索対象が最新結果のみとなります。これにも以下の2つの入り方があります。

①特定のキーワードで探す

この場合には、トップページの「キーワード検索」のテキストボックスにキーワードを入力し、「検索」ボタンをクリックして探す入り方です。

第1部　計画編

②特定のキーワードを条件指定で探す

「検索条件を指定して探す（検索オプション）」では、統計表ファイル内のすべての文字列を検索対象に含めることができます。また、調査年月、統計分野、作成機関などのさまざまな条件を指定して検索することができます。

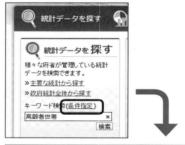

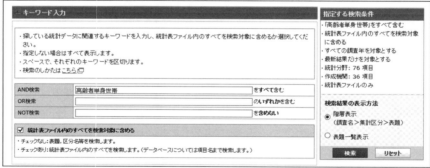

条件を設定したら、「検索」ボタンをクリックします。

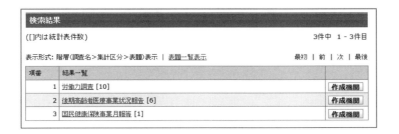

2.3.6 添付ファイルの形式

インターネット上で公開されているデータや報告書は、Webページに展開されているというよりは、貼付ファイルとして公開されている場合が少なくありません。その貼付ファイルのファイル形式には以下のようなものがあります。

(1) Excelブック

表計算ソフトのブックとして保存されたファイルがそのまま公開されている場合です。このファイルを開くためには、Microsoft OfficeのExcelが必要です。もし、インストールされていなければ、OpenOfficeのようなフリーソフトをインストールする必要があります。

(2) CSVファイル

CSVとは、Comma Separated Valuesの略で、個々の値をカンマで区切ったテキストファイルです。テキストファイルですから、アクセサリのメモ帳でも開くことができます。

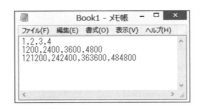

なお、最近のExcelは特別の操作をすることなく、このCSV形式のファイルをカンマごとに各セルに入力できるようになっています。そのままExcelで加工することができますが、CSV形式のファイルでは、罫線などの書式や数式を保存することはできません。加工後はExcel形

第1部　計画編

式のファイルで保存しましょう。

▲	A	B	C	D	E
1	1	2	3	4	
2	1200	2400	3600	4800	
3	121200	242400	363600	484800	
4					

(3) PDF

PDF とは Portable Document Format の略で、プリンタで紙に印刷するように、電子ファイルとして印刷したものです。紙のように印刷されていますから、そのファイルを作成したソフトウェアから独立しています。ただし、これを開くためには PDF リーダーという新たなソフトウェアが必要ですが、それは Adobe Acrobat Reader のように無償で公開されていたり、他社の互換ソフトウェアを利用することもできます。このように公開用のデータとして PDF ファイルが利用されるのは、

- 圧縮技術を利用して電子的に印刷するので、ファイルの容量を元のサイズに比べて小さく収めることができる
- ファイルの作成ソフトウェアから独立しているので、作成ソフトウェアがなくても開くことができる
- PDF 内のデータの取り出しや編集ができないように制限するなど、セキュリティ設定ができる

といったメリットがあるためです。

2.4　調査仮説の設定

さて、実態調査でも、提案調査でも、調査仮説を設定することが求められます。

「実態調査に仮説は必要ないのでは、というよりも、仮説が設定できないから実態調査が必要で、調査仮説が設定できれば、提案調査ができるのでは」という声が聞こえてきそうですが、実態調査にも調査仮説が求められます。すなわち、実態調査における調査仮説とは、現象についての仮説であり、提案調査における調査仮説とは、解決すべき問題の原因や、課題を解決す

第2章　アンケート調査の企画

2.4　調査仮説の設定

る手段など、問題領域についての踏み込んだ仮説というように、調査のねらいからブレイクダウンされています。または、仮説の信頼度、確度による差でもあります。いずれにしても、まったく調査仮説が見当もつかないということでは、どんなデータ（質問回答）を集めればよいのかも決まらないということなってしまいます。

　したがって、調査仮説が決められないという場合には、調査テーマについて先の既存資料などをもう少し調べたり、調査テーマに関連した研究が必要となるでしょう。

2.4.1　仮説とは

　仮説とは、いまだ誰も証明、検証していない仮の結論です。それは Yes か No か、その真偽が選択できるように表現される命題のことです。仮の結論ですから、「〜は〜ではないか」というように疑問形で表現されます。ですから、

- 若者の自殺を減少させるにはどうすべきか
- 景気を改善するためには何が必要か

などは、問題意識であって、仮説にまで踏み込まれていないことになります。なぜなら、以上の疑問には Yes、No では回答できないためです。つまり、以上の問題意識から、

- 若者の自殺は、雇用の拡大によって減少するか
- ゼロ金利政策は、景気の下支えに役立つか

というように落とし込む必要があります。

　ただし、統計における仮説検定というように、検定の対象としての仮説と区別するために、ここでは以下のように使い分けることにします。

(1) 検定仮説

　帰無仮説を棄却することで対立仮説を採択するというように、統計処理における検定で用いられる仮説を、ここでは検定仮説ということにします。

(2) 調査仮説

　一方、調査テーマについての仮の結論を調査仮説とします。一般的にはいくつかの仮説の集まりによって構成される仮説群です。当然ながら、以下を除かなければなりません。

①自明の理

「人間が生きていくためには、空気と水が欠かせない」という自明のことがらを、仮説として設定する必要はありません。皆が知っている事実であって、わざわざ調査するまでもないというわけです。

②データによる検証が難しい

たとえば、「笑う角には福来る」逆に「泣き面にハチ」といったことわざは先人の知恵ではありますが、これをデータによって検証することは難しいといわざるを得ません。たとえば、

　　　あなたは、よく笑いますか？

　　　あなたは、幸せですか？

という回答データのように基準のない主観的なデータで、ちょっとした出来事によって大きく変動しやすく、信頼性に疑義の残る調査結果となるでしょう。仮にもし、こうした仮説を検証しなければならないのであれば、アンケート調査よりも、面談法、観察法、実験法など後述する調査法が検討されるべきでしょう。

では、いくつか調査仮説の例を見てみましょう。たとえば「防災意識」に関する調査仮説（仮説群）としては以下のような例をあげることができます。

● 防災意識に高低はあるか？

　　そもそも防災意識が高い、低いとはどういうことか？

　　それはどのように測ることができるか？

　　防災意識の高い地域の住民の防災意識は高いか？

　　地域コミュニティと防災意識にはどんな関係があるのか？

● 日頃の防災対策が十分だと考えている人は少ないのではないか？

　　防災への備えは、高齢者世帯ほど充実しているか？

　　防災への備えは、所得が高いほど充実しているか？

　　防災への備えは、時間に余裕のある人ほど充実しているか？

● 防災を阻害する要因は何か？

　　自由に使える時間、自由に使える費用、有効な知恵が与える影響はあるか？

2.4.2 なぜ、調査仮説が必要か

たとえば、実態調査においては、仮設を探索するのだから仮説を設定する必要はない、仮説は調査結果として設定できればよい、というアプローチは早計に過ぎます。そもそも仮説がなければ、質問内容も決められないということになります。

つまり、仮説が設定できないということは、

　　〜は〜にちがいない

というように確信が持てず、

　　ひょっとしたら〜は〜かもしれない

というように、自信の持てない状態にあるのかもしれません。

つまり、仮説についての自信の有無、信頼度や確度がそれぞれ異なるというわけです。どんなに自信の持てない仮説であっても、ないよりはあった方がいいので、あることをお勧めします。それは調査を進める過程で、自信を確信に変えることも期待できますし、もし仮に別の仮説が見つかれば、それに差し替えることもできます。

このように、調査仮説がないよりはあった方がよいのは、仮説は調査を効率的に進めることができるためです。そこで仮説の働きを整理してみましょう。

(1) 仮説は効率的に調査を進める

仮説が設定できないと、調査の目的や範囲が絞り切れず、時間をかけても、網羅的、総花的な調査となりやすく、結果、労多くして、益の少ない平凡な結果に陥るリスクが膨れることになります。ビッグデータのように自然と収集されるデータをスーパーコンピュータで分析するわけではなく、調査の設計、データ収集、集計分析とすべて人手に頼らなければならないためです。

(2) 調査票が作りやすくなる

仮設がないということは、何を調べればよいのか見当も付かないということですから、総花的、網羅的な調査になりやすく、何ページにも及ぶ膨大な質問票を作ることになりかねません。それは作る人がたいへんなばかりでなく、回答する人の負担も大きく膨れあがることになるでしょう。

第1部　計画編

（3）報告書が書きやすくなる

　仮設がなければ、総花的、網羅的な調査になりやすく、結果、何ページにも及ぶ膨大な報告者が作成されることになります。また、そこから得られることが乏しいとすれば、調査意義と報告書のページ数に何の関係もなく、報告書を読む人から、労多くして益なしといわれかねません。

2.4.3　仮説設定のアプローチ

　このように、調査仮説を設定するためには、先に見た既存資料を探索したり、調査テーマについての深い造詣が求められます。また、一人で悩むよりも、多くのメンバーの叡智を結集することが大切です。そのための方法をいくつか見てみましょう。

（1）ブレーンストーミング（以下、BS）

　これは創造的に会議を進めるための技法で、メンバーが問題（ここでは調査テーマ）について以下の原則を守りながら、自由に意見を出し合います。

● 批判結論厳禁（自由なアイディア創出を制限するような判断、その場の結論を慎む）
● 自由奔放（奇抜な考え方やユニーク、斬新で、誰も思いつかないようなアイディアを重視する）
● 質より量（個々のアイディアの質よりも、さまざまな角度からの多くのアイディアを歓迎する）
● 結合と改善（すでに出されているアイディアの一部を改善したり、他と結合することによって、新たなアイディアを生み出していく便乗が推奨される）

　こうして、多く集められたアイディアを分類、整理しながら、会議を創造的に進めるばかりでなく、副次的な効果として、

● 課題領域に関する新たな理解
● チームワークの強化

などが期待されています。

34

（2）KJ 法

また、せっかく集めたアイディアの多くをもっと有効活用しようとする方法も開発されています。その一つに文化人類学の川喜多二郎博士が考案した KJ 法があげられます。それは、

● 一見まとめようもない多様な事実をありのままにとらえ、それを構造的に組み立てることにより、なにか新しい意味を見出す創造の技法
● 複数人の多様な声や持味をその個性のままとらえ、一つも捨てることなく、見事なシナジー効果を生み出す組織化の技法

として、具体的には以下のステップによって進められます。

①ブレーンストーミングなどで集められた意見、アイディアを紙片（以下、ラベル）に表す
②ラベルの内容から段階的にグループ化し、グループに名前（表札）を付ける
③グループ間の関係を因果関係、相反関係、同等などの関係性としてまとめる
④描かれている図解からの文章化、発表の準備

広く問題解決の技法として利用されていますが、仮説の設定としては、調査テーマに関する課題の構造的な整理、理解などに効果的な活用が期待されます。

（3）親和図法（新 QC 七つ道具）

これは、KJ 法を母体とした新 QC 七つ道具の一つで、BS によって、調査テーマに関する意見やアイディアを小さなカード（ラベル）に書き出し、そのカードをここでは親和性によって束ね、その内容を端的に表す親和カードにまとめてグループ化していきます（第一段階）。さらに、親和カードを束ねて第二段階のグループ化を繰り返し、最終的には 3 ～ 6 枚程度の親和カードにまとめるという方法です。

つまり、BS によって出された意見やアイディアを親和性によって束ねるというところに特徴がありますが、この親和性とは共通する含意があって、まとめても違和感のないこととされています。

たとえば、以下の 4 つの意見を親和性によってグループ化するとすれば、

No1　新しい仕事にチャレンジできる	仕事を通した自己成長
No2　仕事の成果が正しく評価される	
No3　部門間の壁を感じない	仕事のしやすい組織風土
No4　仕事に必要な情報はたいがい入手できる	

といった具合です。

　混沌とする現実に関する情報、カードに集めた意見やアイディアに基づいて、図式化、視覚化しながら全体像を整理、学習する方法で、出来上がった親和図を読み取ることであるべき姿や問題の本質を明らかにすることが期待できます。

(4) 関連図法（新 QC 七つ道具）

　これも新 QC 七つ道具の一種で、すべての関係を原因と結果、すなわち因果関係として整理することで、BS のように自由に意見やアイディアを集めるよりも、効率的に問題の真の解決策を明らかにしようという図式化技法で、その手順は以下のとおりです。

ステップ 1
　まず、議論すべき問題点を取り上げます。たとえば、「血圧が高い」という問題（一次結果）を取り上げることにしましょう。

ステップ 2
　その問題を引き起こしている原因を考えます。ここでは「なぜ血圧が高いのか？」という、「なぜ」に対する回答を原因（一次原因）として洗い出します。

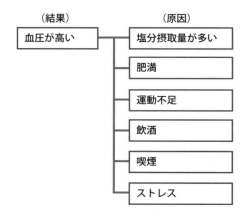

ステップ 3
　さらに、その原因がもたらされている原因を考えます。ここでは「なぜ塩分摂取量が多いのか？」それは「濃い味が好きだから」という、「なぜ」に対する回答を原因（二次原因）とします。さらに、その原因は「なぜ」もたらされているのかというように、もうそれ以上ブレイクダウンできなくなるまで繰り返します。

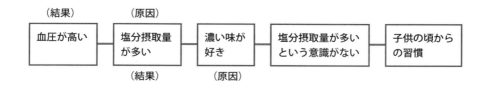

　以上すべての因果関係を大きな模造紙などにまとめることによって、その全体像を明らかにします。このように、問題の因果関係を明らかにすることによって、その核心に迫り、問題解決につなげようというわけです。

(5) 系統図法（新 QC 七つ道具）

　これは先の関連図法における原因と結果の連鎖を目的と手段に置き換えた図式化技法です。やはり、BS のように自由に意見やアイディアを集めるのではなく、目的を達成するための手段というフレームワークの中で、問題の解決に手段を探索します。

ステップ 1
　ここでも、議論すべき問題点を取り上げます。たとえば企業経営において、「利益を増やす」という問題（目的）について見てみましょう。

ステップ 2
　その目的を達成するための手段を考えます。「利益を増やす」という目的を達成するための手段を次のように展開します。

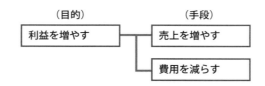

ステップ 3
　目的を達成するための手段は、具体的でなければなりません。つまり、先の例ではどのように「売上を増やす」のか明確ではありません。このように具体的に実行できるレベルでない抽象的な場合は、その抽象的な手段を目的に置き換えて、その目的を達成するための手段を考えます。それが、実行できる具体的な手段となるまで繰り返します。

　また、目的を達成するための手段は一つとは限らず、複数でてくることが一般的ですか

ら、段階ごとに末広がりに拡大します。

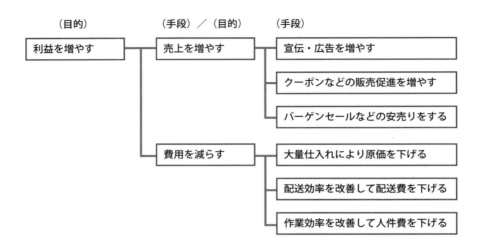

このように目的を達成するための手段を明らかにすることで、問題解決の構造を解明し、目的を達成するための方策を追及するための図式化技法です。

（1）～（5）で見たように、仮説設定のアプローチにはいろいろな方法がありますが、調査仮説を設定するために、最も有効な方法を一つに絞る必要はありません。調査テーマやメンバーの意向に合わせて適切な方法を選択することで、調査テーマを掘り下げることが大切です。

2.4.4 統計データの傾向

傾向とは、時間軸における変化とその方向のことで、次の2通りに分けられます。

（1）定点観測

たとえば、新成人の二十歳の人を対象に、毎年、同じ調査をすることによってデータを収集し、これを集計、分析し、どのような変化が見られるかをまとめる方法です。

（2）トレンド分析

これは時間の経過とともにどう変化しているか、という時系列的な推移を分析することで、将来を予測するための基礎資料として活用する方法です。いくつか、具体例を見てみましょう。

はじめは、我が国の総人口の推移です。

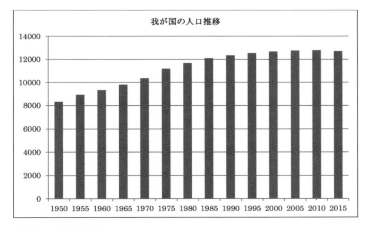

総務省・国勢調査より

このように全体としては右肩上がり、すなわち人口は増加傾向にあったわけですが、西暦2000年頃から伸び悩み、2015年には「減少」へと転換していることが確認できます。つまり、2015年から、これまでに経験したことのない人口減少社会へ移行しているわけです。

さらに、次のグラフはその内訳を年代別に見たものです。ここでは、はじめて人口減少を経験するばかりでなく、子供（14歳以下）の比率がどんどん減少、すなわち、少子化が進展する一方で、65歳以上の高齢者の比率が伸び、高齢化が進み、少子高齢化に歯止めのかからない様子を示しています。

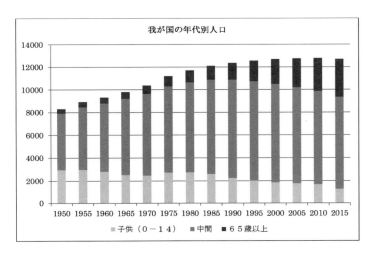

総務省「わが国の子供の数」より

もう一つ、文部科学省の学校基本調査から、小学校の教員数の推移を見てみましょう。

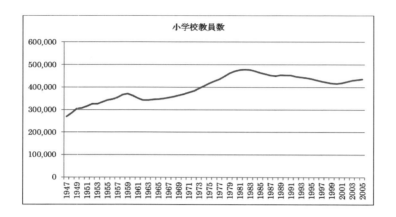

ここでも全体としては右肩上がり、すなわち、我が国の小学校の教員数は増加傾向にあったわけですが、1983年から2001年にかけて減少していることが分かります。

しかし、このグラフも単独で見るよりは、他のデータと重ねて見ることによって、その意味合いをより鮮明にすることができます。ここでは、小学校の生徒数と重ねて見ると、教員数の減少よりも生徒数が減少している様子が見てとれます。つまり、先生一人あたりの生徒数という点では、それほどには減少していない傾向にあることが伺えます。

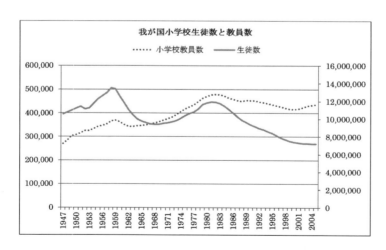

このようにデータが時間の経過とともに変化するとき、そのデータの時系列的変化ばかりでなく、その背景や要因とともに分析することによって、その変化の構造に迫ることが期待でき

第2章　アンケート調査の企画

2.5　調査対象者の選定

ます。

　また、量的な変化ばかりでなく、

- 経済短観のように、人は景気をどうとらえているか
- ファッションのように、人は流行をどう認識しているか
- 内閣支持率のように、人は政治をどう評価しているか

というような、見通しや意識といった主観とその変化が対象とされる場面も少なくありません。

2.5　調査対象者の選定

　調査テーマについて、調査の目的を達成するためには、誰に回答してもらうべきか、すなわち調査対象者をどのように取り扱うかを決めておく必要があります。ここでは調査対象者を誰にするかという固有の問題ではなく、どのように調査対象者を決めるのかという方法の問題を取り上げます。そこで、一般的には、どのように調査しているのかを見てみましょう。

　まず調査対象の決め方には以下の2つがあります。

2.5.1　全数調査

　これは、すべての調査単位（以下、母集団）を対象として行う調査ですが、調査単位が多ければ多いほど費用と期間がかかるという問題があります。国勢調査はすべての世帯を調査単位とする全数調査ですが、膨大で費用とコスト、時間が必要となることから、5年に一度のペースでしか実施されていません。

2.5.2　標本調査

　標本調査とは、上記の全数調査の欠点を取り除きながら、全数調査と同等の調査結果を得ようとする方法です。すなわち、母集団を対象とするのではなく、その中から一部（これを標本という）を抽出し、調査対象を母集団の一部に絞ることで、費用と期間という資源を抑えながら、できるだけ全数調査と同等の調査結果を得ようとする方法です。

41

第1部　計画編

　そのためには、標本の抽出を慎重に行わなければなりません。標本調査では、母集団に対してごく少数の標本によって調査を行うため、ごく少数の標本による調査であっても、母集団の特性を正確に推測しなければなりません。そのためには、母集団の縮図としての標本が抽出されていなければならないというわけです。

　たとえば、標本から得られる特性値と母集団の特性値が一致しないとき、その差を標本誤差といいます。母集団の縮図とはこの標本誤差がない、もしくは限りなく小さい標本ということになります。

　たとえば、ある大学の全学生を母集団とするとき、性別によって調査結果が変わる可能性があるとすれば、母集団の男女比がそのまま、標本の男女比となるように抽出される必要があります。たとえば、以下の調査Aとでは、明らかにAの方が信頼できる調査となるでしょう。

性別	母集団	調査A	調査B
男性	68%	70%	50%
女性	32%	30%	50%

　そのために、一般的には以下のような方法によって、母集団から標本を抽出します。なお、説明の便宜上、ここでは、ある大学の全学生8,000人を母集団とし、その中から400人を抽出する場合について見てみましょう。

(1) 系統抽出法

　まず、8,000人の学籍名簿を用意します。この例では8,000人の中から400人を抽出しますから、20人に一人ずつ、すなわち学籍名簿から20番おきに一人を抽出します。ただし、どこから始めるかだけは、乱数によって、公平性を確保します。たとえば、12番からスタートするとすれば、

　　12　32　52　72　92　…

というように順に抽出する最も簡便な方法です。

(2) 無作為抽出法（ランダムサンプリング）

　ここでも、学籍名簿や住民基本台帳のような一覧表を用意します。この中から無作為に、すなわち、ことさら恣意的に手を加えることなく、すべての学生を同じ確率で標本として抽出するために、乱数を用います。ここでは、8,000人の学籍名簿から、400人を抽出しますので、

400 回乱数をふることになります。ところで、一般的な関数としての乱数は、0 以上から 1 未満の間の関数値を戻しますから、これに 8,000 を掛けて 1 を加えた結果を四捨五入などから整数値にすれば、1 から 8,000 の乱数を作ることができます。その乱数に対応する学生を調査対象者として抽出しようというわけです。

（3）層化抽出法

これは母集団をいくつかの層に分け、層ごとに上記のような標本抽出を行う方法です。こうすることによって、層別の構成比を保ちながら、その中から無作為に、すべての学生を同じ確率で標本として選択する方法です。

たとえば、全学生 8,000 人の所属学部に対応した標本数を割り当て、その中から標本を抽出することになります。

学部	母集団	標本
文学部	1,000 人	50 人
経済学部	1,500 人	75 人
心理学部	2,000 人	100 人
理工学部	3,500 人	175 人

ただし、このように綿密に標本抽出を行ったとしても、そのとおりの回収ができる保証はありません。それは回収率という問題で、以下のような 2 通りの対応が考えられます。

①追加調査

たとえば、先の層化抽出法において、理工学部の回収率だけ極端に低く、回収できなかったとすれば、理工学部を対象に、標本抽出からやり直すことが考えられます。もちろん、時間、労力が残されていればの話ですが。

②結果の解釈

たとえば、所属学部のような「層化」であればやり直すこともできますが、親の年収が高所得層に偏っているので、もう少し低所得層のサンプルを追加したいといっても難しい場面も少なくありません。このように時間、労力ともに残されていない場合、すなわち、追加調査が難しい場合には、結果の解釈においてそれを加味した解釈が余儀なくされることになります。

第1部　計画編

2.6　調査方法の決定

さて、最後に調査方法を決めなければなりません。第1章で見たように、調査方法には、

- 質問法
- 観察法
- 実験法

などがありますが、どんな方法によるかによって以降の作業内容が大きく変わることになります。

また、質問法による場合でも具体的には、

- 面接調査法
- 郵送調査法
- 電話調査法
- Web アンケート

など、どのように質問して回答を回収するかを決めておく必要があります。

それは、調査に必要な費用を大きく左右するばかりでなく、質問票の設計にも大きく影響するからです。

さらに、質問調査は以下の2つに分類されます。

①定量調査

　　これは、集計結果を統計的に集計するために、各質問に選択肢を用意し、選択肢による回答データを集め、集計する方式です。さらに「あなたの小遣いはいくらかですか」というように直接、数値による回答も含まれます。

②定性調査

　　これは、あらかじめ質問の回答を選択肢として用意するのではなく、回答者の回答を直接聞き出す調査です。つまり、「それはどうしてですか？」「他にどんなことを考えましたか？」というような個別的なインタビューによって行わなければならず。こうした調査が必要であれば、面接調査か電話調査を行う必要が出てきます。また、こうして得られた回答データは単純に集計できるようにはなっていませんから、その分析方法も決めておく必

44

第2章　アンケート調査の企画
2.7　調査企画書

要があります。

　したがって、一般的なアンケート調査では、この定量調査による質問の回答を多数回収し、集計分析することによって結論を導き出すわけです。

　ただし、定量調査といっても、部分的に定性調査の機能を組み込むことは可能です。以下の例では、5つの選択肢を持つ定量調査に、定性調査が組み込まれていることになります。

Q　あなたが就職または転職で最も重視するのは次のどれですか？
　　①福利厚生が充実している
　　②仕事の内容に能力がいかせる
　　③経営（雇用）が安定している
　　④給料がいい
　　⑤知人（先輩）がいる
　　⑥その他（具体的に：　　　　　　　　　　　　　　　　　　　　　　）

　すなわち、アンケート調査における自由記述欄は、定性調査の機能を含んでいるわけですが、選択肢を事前に用意するという作業を回収後に回していることになり、回収データの整理がそれだけたいへんになることを覚悟しなければなりません。

2.7　調査企画書

　以上によって、決めたこと、明らかにしたことを、以下のような調査企画書にまとめておくと便利です。プロジェクトチーム内での共有化に役立つばかりでなく、プロジェクトが暗礁に乗り上げたとき、この企画書に立ち戻って、乗り越えることが期待できます。

第1部　計画編

1. 調査テーマ

   学園祭ゼミ研究発表［防災対策］についての来場者評価アンケート

2. 調査の目的

   来場者の意見を伺い、次年度以降の研究発表の基礎資料とする。

3. 既存調査資料の収集、分析

   内閣府　平成27年版防災白書

   内閣府　平成25年防災に関する世論調査

   相模原市　防災に関する市民意識調査　報告書

4. 調査仮説

   来場者属性（年齢、年収、防災意識）によってゼミ発表の評価は異なることを確認する。

   来場者属性（年齢、年収、防災意識）によってゼミ発表の期待が異なることを確認する。

5. 調査方法

   ゼミ発表会場入口で、調査用紙を配布し、出口で回収する全数調査

6. 調査対象

   ゼミ研究発表会場の来場者全員（ただし、子供を除く）

7. 報告書の概要

   来場者属性（年齢、年収、防災意識）と今年度の発表テーマに関する評価から、今年度の発表を総括するとともに、次年度以降の発表内容について提案する。

8. スケジュール

調査企画	今年度4月～8月
詳細設計	今年度9月～10月
実査（回答の回収）	今年度文化の日
データ処理（回答のデータ化、エラーチェック、集計など）	今年度11月～12月
結果の分析と報告書作成	今年度1月～3月

第3章

アンケート調査票の設計

　前章にある調査企画書が決まったら、その調査の目的を効果的、効率的に実施する方法を設計します。具体的には、アンケート調査の質問票を設計することになります。

3.1　質問の形式

　そこでまず、一般的な質問の回答形式について見てみましょう。

区分	概要
選択式	これは、あらかじめ選択肢を用意し、選択肢の中から回答を選ぶ質問です。 例 1）あなたの性別は 　　　　1（男性）　2（女性） 例 2）担当者の対応はいかがでしたか 　　　　1（よい）　2（まあよい）　3（普通）　4（どちらかといえば悪い）　5（悪い） 例 3）あなたの年齢は 　　　　1（20 未満）　2（30 未満）　3（40 未満）　4（50 未満）　5（60 未満）　6（60 以上）
自由記述式	これは回答を自由に、言葉や数値で記述する質問です。 例 4）あなたの性別は 　　　　[　　　　　] 例 5）担当者の対応はいかがでしたか 　　　　[　　　　　　　　　　　　　　　　　　　　　　] 例 6）あなたの年齢は 　　　　[　　　　]歳

47

第1部　計画編

このように、自由記述式の場合には、

● 選択肢を用意しなくていいので質問の作成が容易
● 想定外の回答を集めることが期待できる

などの長所もありますが、

● 回答者の回答に大きな負担と時間を要する
● 回答者によって表現が異なる
● 調査結果の整理がたいへん

といった短所もあります。

　したがって、できるだけ、選択式の質問を用意した方が、回収してからの混乱を避けることが期待できます。もし、選択肢が用意できない、または不十分であれば、事前調査によって補正してもよいでしょう。もし、事前調査をする余裕がなければ、以下のように選択式の質問に自由記述の回答を含めることも可能です。ただし、この場合も、回収された自由記述回答を整理、分類、コード化などの整理を、調査データ回収後に延ばしているに過ぎません。後のデータ整理がそれだけたいへんになることを覚悟しなければなりません。

　例7）あなたは、出先で災害に会い、帰宅できなくなった場合、どうしますか？
　　　　①歩いて帰る
　　　　②駅構内や電車内などで運転再開を待つ
　　　　③ホテル旅館、帰宅困難者の受入施設を探す
　　　　④実家、友人、知人宅に避難する
　　　　⑤会社に戻って仕事をする
　　　　⑥その他（具体的にお書きください　　　　　　　　　　　　　）

3.2 質問の区分

ここでは、質問区分を以下の4つに分けて説明します。

(1) 択一（Single Answer, SA）項目

これは、用意した選択肢の中から一つだけを選択して回答する質問です。

F1　あなたの性別をお知らせください
　　　①男　　②女
F2　あなたの年齢をお知らせください
　　　① 20 未満　② 20 代　③ 30 代　④ 40 代　⑤ 50 以上

---

(2) 複数選択（Multi Answer, MA）項目

これは用意した選択肢の中から該当するものをいくつか（数を制限するか、制限せずに）選択する質問です。

Q4　あなたの好きな音楽を次の中から選んでください。あてはまるものをいくつでもお答えください。
　　　①クラシック　②ミュージカル　③映画音楽　④ポップス　⑤演歌　⑥民謡

---

(3) 評定（Rating Answer, RA）項目

これは、選択肢の中から一つを選択する点では、択一形式と同じですが、選択肢の値に意味（重み）を持たせている点では後述する計量形式と同じ意味を持つことになります。

Q6　あなたは現在の政権をどう評価していますか？　あてはまるものを一つ選んでください。
　　　①おおいに評価している　②まあ評価している　③どちらともいえない
　　　④どちらかといえば評価していない　⑤まったく評価していない

第1部　計画編

(4) 計量（Value Answer, VA）項目

計量項目とは数値に限定した自由回答項目です。

Q8　あなたのアルバイト収入はひと月当たりいくらくらいですか？
　　　　［　　　　　　］円／月

Q9　あなたの小遣いはひと月当たりいくら位ですか？
　　　　［　　　　　　］円／月

　質問内容によって、おのずと質問形式が決まる場合もありますが、この質問形式に沿って、質問を組み立てることも可能です。

3.3　質問文の設計

　それでは次に、質問文を作る際の留意点を見てみましょう。ほとんどの場合、質問票は回答者が質問文を読んで、自身で回答を記入することになりますから、その質問文の表現には配慮が求められます。

　特に、日本語の持つあいまいさや、分かりにくい表現から、質問の意味が分からない、回答できない、回答しにくい、といった表現を避ける必要があります。では、その一般的な注意事項から見ていくことにしましょう。

(1) あいまいな表現を避ける

　あいまいとは、何を指しているのか、どんな範囲か、など、明確に規定されていないため、読み手の解釈によって意味が変わってしまうような表現です。

あいまいな表現の例	答えにくい理由
今回の展示はいかがでしたか？	展示のテーマなのか、展示の内容なのか、展示の方法なのか、展示の説明なのか、回答者は何について、質問されているのか理解できません。

50

あいまいな表現の例	答えにくい理由
あなたの一日の運動時間は、どのくらいですか	一日とは毎日のことか、たまにある一日か、平日か、休日かによって回答が変わる可能性があります。 また運動についてもはっきりしません。運動服を着て運動靴を履いた汗をかくような運動か、通勤通学の徒歩や、簡単なストレッチや、草刈りや庭の手入れといった軽作業など、運動の範囲によっても、回答が変わる可能性があります。
あなたは、階段とエレベータがあるとき、どちらを使いますか	階段しか使わない、エレベータしか使わないという人もいるでしょうが、状況次第で、使い分けているという人にとって、そうした状況が省かれているので、答えられないことになります。
あなたは、アルコールをどのくらい、飲みますか	まず、期間が規定されていないので、一日か、一ヶ月か、はたまた一生か、回答者は悩みます。 また、アルコールとは何か？（日本酒、ビール、ワイン、ウィスキー…）全部書き出すのか、悩むでしょう。 もし、種類は抜きにして含有量で書く場合には計算式を補助して欲しいことになります。 　　ビール1本（4%×750 = 30cc） 　　ワイン1本（10%×700 = 70cc） 　　日本酒1升（14%×1800 = 252cc） 　　ウィスキー1本（45%×750 = 300cc） 　　　　　：

（2）まぎらわしい表現をさける

　まぎらわしい表現とは、どのように解釈すべきか迷う、いろいろと解釈できてしまうような表現です。

まぎらわしい表現の例	答えにくい理由
あなたは多くの、学生が欠席している授業をどう思いますか	「多くの」が学生に対する修飾か、授業に対する修飾かによって、意味が変わってしまいます。
きちんと朝食を摂りますか	「きちんと」とは「毎日」きちんとか、「ボリュームが満たされている」ことか、「栄養バランスが配慮されている」ことか、はっきりしません。

第1部　計画編

(3) 重複否定を避ける

　二重、三重に否定されると、その意味をトレースしなければならず、混乱の元となります。できるだけ「分かりやすい」表現を目指すなら避けるべきでしょう。

重複否定の例	分かりやすい表現
あなたは、飲み過ぎないように、注意しないことをどう思いますか	あなたは、飲みすぎに注意することをどう思いますか
あなたは、授業に出席しない学生が単位を落とさないことについてどう思いますか	あなたは、欠席の多い学生が単位を取得していることについてどう思いますか

(4) 一つの質問に複数の論点を含めない

　これは、一つの質問の回答を一つしか許していないのに、その中に2つ以上の論点が含まれていて回答できなくなることを避けるためです。

複数論点の例	論点
あなたは、18歳以上の参政権、飲酒に賛成ですか	参政権と飲酒
この車の装備品の質および種類はいかがですか	質と種類

(5) 回答を誘導しない

　親切、分かりやすい説明のつもりが、回答を誘導する場合があります。

回答を誘導する例	回答を誘導する可能性
未成年者の飲酒が身体に及ぼす影響が心配される中、あなたは未成年の飲酒をどう思いますか	未成年者の飲酒が身体に及ぼす影響が心配される
地球の温暖化をこれ以上進展させないためのCO_2の削減が世界中で叫ばれている中、ノーカーデーについてどう思いますか	地球の温暖化をこれ以上進展させないためのCO_2の削減が世界中で叫ばれている

(6) 平等、公平に扱う

　これは、一方を好意的、他方を侮蔑的に表現することで、回答を意図的に操作してしまう可能性を避けるためです。

不公平な例	差別的な表現
禁煙に成功している意志の固い人も多い中で、禁煙できない人をどう思いますか	暗に、禁煙成功者＝意志強固、禁煙できない人＝意志薄弱というように公平性を欠いている

不公平な例	差別的な表現
薬の副作用にも耐えて病気と闘うことで病気を克服している人も多い中で、治療を拒否する人をどう思いますか	病気と闘う人＝いい人、治療を拒否する人＝悪い人というように公平性を欠いている

（7）差別用語を避ける

日常的、個人的な会話の中では耳にする用語であっても、人によっては気分を慨するような差別用語は避ける必要があります。

差別用語を含む例	差別用語
あなたはブラインドタッチができますか	「ブラインド」は身体的な差別用語
あなたは「パソコンおたく」をどう思いますか	「おたく」は侮蔑的な差別用語

ほかに以下のような差別用語があります。

● **職業的差別用語**

乞食、ルンペン、ぽっぽや、雲助、八百長、坊主、ポンコツ屋、ニコヨン、百姓、土方（どかた）、株屋など

● **身体的差別用語**

めくら、つんぼ、おし、どもり、ちんば、びっこ、かたわ、きちがい、チビ、ハゲ、おっさん、デブ、ブスなど

● **侮蔑的差別用語**

裏日本、アル中、おかまなど

第1部　計画編

3.4　選択肢の設計

　説明の便宜上、質問文と選択肢というように分けていますが、実際は質問ごとに両者を繰り返した方が自然です。

3.4.1　択一項目の選択肢

　選択肢の中から一つを選択する形式の質問では、以下のような選択肢を用意します。

（1）回答者が選択できる

　たとえば、以下の質問のように、回答に苦慮する選択肢を避けます。

Q1　あなたは、エレベータとエスカレータではどちらを利用しますか？
　　　①エレベータ　　　　②エスカレータ

Q2　あなたが好むアルコールは次のうちのどれですか？
　　　①ビール　　②日本酒　　③ワイン　　④焼酎　　⑤ウィスキー
　　　⑥ブランディー　　⑦ジン　　⑧その他のリキュール

Q3　あなたがよく飲む飲み物を選んでください。
　　　①日本茶　　②コーヒー　　③紅茶　　④麦茶　　⑤ウーロン茶

Q4　最寄駅までの交通手段を選んでください。
　　　①徒歩　　②自転車　　③バイク　　④バス　　⑤自動車

　これらの質問の回答から実際に一つを選ぶとなると、いろいろ迷うことになります。なぜなら、状況によって回答が変わるためです。
　たとえばQ1では、

- 重い荷物を持っているとき
- 1階だけ上下したいときや、何十階も上下するとき
- エレベータは混雑していて、なかなか来ないとき
- 目の前にエスカレータがあるとき
　　　　：

第3章　アンケート調査票の設計

3.4　選択肢の設計

など状況によって、回答が変わる可能性があります。

また、Q2 についても

- 食前酒または食事中の飲み物としてか
- 仲間とワイワイさわぐためか
- じっくり落ち着いた話がしたいときか
- 就寝前の寝酒か

など状況によって、回答が変わる可能性があるためです。

また、Q3 では、日本茶もコーヒーもよく飲む人は回答に苦慮することになりますし、Q4 では、半分は「徒歩」でも半分は「自転車」という人は回答できなくなってしまいます。

（2）選択の可能性のある選択肢を網羅する

回答しようと思った回答が、その質問の選択肢になければ、やはり回答に苦慮することになります。また、せっかく選ばれるはずのデータを消失させることになります。ただし、選択肢の数が多くなればなるほど、その中から一つを選択することは難しくなります。選択肢が 10 も 20 も並んでいては見るだけでもたいへんですね。したがって、選択の可能性のある選択肢を網羅しつつ、あまり多くない選択肢に収めることが理想です。そのためには、メンバー全員で意見を出し合ったり、場合によっては、事前調査によって確認しておくといった対策が求められます。

（3）特定の選択肢に集中しない

100% 全員が一つの選択肢に集中する質問では、回答者に聞くまでもないということになります。つまり、ある程度の回答のばらつきが期待できる選択肢を用意することが理想です。ただし、それが実態であることを示すためであれば話は別ですが。

（4）選択肢の配置に配慮する

以下のように、選択肢に自然な順序がある場合には、その順序に並べた方が、回答しやすくなります。

①朝食　　②昼食　　③夕食　　④夜食
①東京大会　②関東開会　③全日本大会　④アジア大会　⑤オリンピック

55

第1部　計画編

3.4.2 評定項目の選択肢

　評定項目の場合に留意すべき点は、選択肢を奇数にするか、偶数にするかという点です。

　奇数の場合には、以下のように、どちらにも偏らない中間の回答があるため、回答しやすくなる半面、回収したデータのほとんどが中間に集中してしまうという結果に陥る可能性が少なくありません。

　　①良い　　②普通　　③悪い
　　①良い　　②やや良い　　③普通　　④どちらかといえば悪い　　⑤悪い

　その点、偶数の場合には、必ずどちらかにふれることにはなりますが、どちらともいえない回答者には回答しにくい質問となります。

　　①良い　　②やや良い　　③やや悪い　　④悪い

3.4.3 複数選択項目の選択肢

　この場合も、選択の可能性のある選択肢を網羅することが大切です。選択肢の数が多少多くなっても、択一式のように支障はあまりありません。ただし、以下の2つを明確に分けておく必要があります。

（1）いくつでも無制限に選択してもらう

　この場合には、各選択肢が該当するか、しないかという択一式の質問を並べたことになります。

（2）選択数を制限する

　たとえば「あてはまるものを3つまでお答えください」というように回答数を制限する場合です。単に「3つ以内」というよりも、「あてはまるものを上位から3つまでお答えください」というように、トップ3に制限した方が回答しやすくすることが期待できます。

56

3.4.4 計量項目の場合

　計量項目の場合には、特に選択肢を用意することはありませんから、単位がきちんと明記されていれば、混乱することはないでしょう。

　　　質問1　あなたの年収は、およそいくらくらいですか？
　　　　　　　　　　[　　　　　　　　]万円
　　　質問2　あなたの家族構成は、何人ですか？
　　　　　　　　　　[　　　　　　　]人
　　　質問3　あなたの住居の床面積はおよそいくらくらいですか？
　　　　　　　　　　[　　　　　　　]m^2（平方メートル）

　ただし、上例のように直接、数値を回答してもらうよりも、いくつかのカテゴリーに分類しておけば、択一項目とすることもできます。どちらが回答しやすく、調査結果の集計、分析がやりやすいかを考慮しておく必要があるでしょう。

　　　質問1　あなたの年収は、およそいくらですか？　次の中から一つ選んでください。
　　　　　　　① 300万円未満　② 300～600万円未満　③ 600～900万円未満
　　　　　　　④ 900万円以上
　　　質問2　あなたの家族構成は、何人ですか？　次の中から一つ選んでください。
　　　　　　　① 1人　② 2人　③ 3人　④ 4人　⑤ 5人以上
　　　質問3　あなたの住居の床面積はおよそいくらくらいですか？　次の中から一つ選んでください。
　　　　　　　① 60m^2未満　② 60～80m^2未満　③ 80～100m^2未満　④ 100m^2以上
　　　　　　　[　　　　　　　]m^2（平方メートル）

第1部　計画編

3.5　質問順序の考察

さて、質問文およびその選択肢ができたら、それらをどう並べるか、すなわち質問の順序についての留意点について見てみましょう。

(1) グルーピング

質問をランダムに配置するという調査もありますが、人間の思考回路がシーケンシャルにできているとすれば、いくつかのグループに分けて、そのグループごとに配置した方が答えやすいといえます。さらに、質問のグループ化によって、「それでは、これから〜について伺います。」というように、回答者の意識を切り替えて、より答えやすいアンケート調査を目指すことになります。

● グルーピングの例

Ⅰ. はじめにあなたご自身について伺います。

Q1　あなたの年齢は

Q2　あなたの性別は

Q3　あなたの職業は

　　　　　　：

Ⅱ. あなたがこれまでに被災したことのある災害について伺います。

Q10　あなたが被災したことのある災害とは何ですか？

Q11　そのとき一番困ったことは何ですか？

　　　　　　：

Ⅲ. 災害に対する備えについて伺います。

Q20　災害に対する備えとして、日頃、どんなことをしていますか？

Q21　もし大きな災害に見舞われたとき、どのようにご家族と連絡をとりますか？

　　　　　　：

Ⅴ. 最後に、災害ボランティアについて伺います。

Q30　あなたは災害ボランティアについてどう思いますか？

Q31　あなたご自身が災害ボランティアに行くことについてどう思いますか？

（2）範囲を狭める質問

　一般的な質問を全体として前に置き、その部分として特定化された質問を直後に置いた方が分かりやすく、回答しやすくすることができます。たとえば、

　　Q1　世界の災害の中で、その対策を最も急ぐ必要のある災害は、次のうち、どれですか？
　　Q2　日本の災害の中で、その対策を最も急ぐ必要のある災害は、次のうち、どれですか？

というように範囲を狭めたり、

　　Q1　災害時の復旧ボランティアについてどう思いますか？
　　Q2　あなたご自身は災害時に、復旧ボランティアに参加しますか？

というように、一般的な質問から特定化した質問に絞ることで、問題を整理しやすくすることが期待されます。

（3）フェイスシート項目

　フェイスシート項目とは、性別、年齢、職業などの回答者個人の属性に関する質問です。かつて、これらはフェイスシートすなわち調査の協力依頼文とともに最初のページに配置されることが多かったため、このような属性に関する質問はフェイスシート項目といわれます。

　しかし、最近では個人情報への意識の高まりから、これらの属性に関する質問をアンケートの最後に配置する調査も少なくありません。

（4）重要な質問

　調査の主題となるような重要な質問は、調査票の中頃、中間に置くようにします。それは回答者が回答に慣れてくる頃であり、かつ、回答に疲れて注意が散漫になる前に聞いておくべきという配慮です。

（5）個人的な質問

　個人のプライバシーにふれるような質問は、できるかぎり最後に置きます。回答者の嫌がる、結婚歴、年収、役職など個人的な質問も最後がよいでしょう。「もうこれでおしまい」ならば、協力する可能性があります。

第1部　計画編

（6）質問の相互作用（キャリーオーバー効果）

　質問の順序によって回答が変わる可能性がある質問は、その質問順序に気を付ける必要があります。たとえば、

　　Q1　火山噴火での多くの犠牲者や、土石流などの甚大な被害についてどう思いますか？
　　Q2　観光地への入山規制についてどう思いますか？

という質問と、

　　Q1　観光地への入山規制についてどう思いますか？
　　Q2　火山噴火での多くの犠牲者や、土石流などの甚大な被害についてどう思いますか？

という質問では、同じ質問文の組み合わせですが、順序が違うだけで結果が変わってしまうという可能性があります。

3.6　調査の協力依頼文

　調査票の表紙やフェイスシートすなわち、最初に調査依頼文を置くことが一般的です。少なくとも、いきなり質問から始まるような調査票では、協力してくれる回答者はいなくなってしまうかもしれません。

　説明の便宜上、最後になってしまいましたが、最初に手掛けてもよいでしょう。

　説明依頼文の目的は、回答者が協力してくれるようにお願いすることですから、以下のような内容から構成します。

　①アンケート調査名
　②アンケート調査の目的、概要
　③回答データの処理方法と個人情報
　④回答拒否権の保証
　⑤回答の依頼

60

⑥アンケート実施団体、代表者

アンケート調査協力依頼文の例

調査ご協力のお願い

　本日は、私たちのゼミ研究発表「防災が身を護る」をご覧頂き、誠にありがとうございます。

　私たちは、この1年を通して、防災についてさまざまな角度から調べてまいりました。その発表内容について、忌憚のないご意見を賜り、私たちの活動を総括するとともに、来年度に向けたゼミ活動の貴重な資料とさせていただくために、アンケート調査を実施するものです。

　なお、回答データは無記名のうえ、すべて統計的に処理いたしますので、ご協力いただいた個人にご迷惑が及ぶようなことは一切ございません。もちろん回答しにくい微妙な質問は、回答を保留していただいて構いません。

　貴重なお時間を賜りたいへん恐縮ですが、なにとぞ調査の趣旨をご理解いただき、ご協力くださいますようお願い申し上げます。

2015年度佐藤ゼミ　　代表　小田真由美

3.7　質問票の最終確認

　出来上がった質問票は、全員でチェックします。もちろん、担当部分以外を含む全体をチェックする必要があります。チェック内容は以下のように多岐にわたります。

（1）失礼な言い回しはないか

　丁寧に表現したつもりでも、なれない謙譲語の言い回しが、かえって逆効果だったり、意味の通らない表現になってしまうといったことのないように、確認します。

　また、失礼とまではいかなくても、より好ましい表現があれば置き換えます。

第1部　計画編

結構です	→	構いません
お願い致します	→	お願い申し上げます。
ご苦労さま	→	お疲れ様

（2）まぎらわしい表現がなく、真意が正しく伝わるか

　最低限、回答者が回答に困るような表現がないことが前提です。質問の意図が正しく伝わり、回答者が適切に回答できるか、確認します。

（3）適切な回答が回収できるか

　もちろん、そのためにアンケート調査を実施するわけですが、やってみなければ分からない面を持っているのも事実です。したがって、予備調査を計画するのも一つの方法です。

第2部 ■ 実践編

　ここでは、アンケート調査の実施、そこで回収したデータの集計、分析、報告書の作成といったこのプロジェクトの復路について見てみましょう。

第4章
アンケート集計システムの利用法（利用者マニュアル）

　まず実践編のはじめに、Web からダウンロードできる本書の「アンケート集計システム」の機能と、その使い方について解説します。一度、目を通すというよりは、利用者マニュアルのように、必要に応じて参照してください。

　ところで、コンピュータソフトウェアは以下の 2 つに大別されます。

● 汎用ソフト
　　個別の領域を絞らないソフトウェアで、何にでも利用できる守備範囲の広さを持っていますが、逆に必要のない部分を含んでいたり、同じ処理を何度も繰り返さなければならない冗長性を含んいるなど、使い勝手がいいとはいえない部分もあります。
● 専用ソフト
　　個別の領域、たとえばここでは「アンケート集計」に特化したソフトウェアで、特化しているために効率的で利用しやすくなっています。

　なお、本書のアンケート集計システムは、Microsoft Excel という汎用ソフトに、アンケート集計に必要な機能を専用ソフトとしてマクロに組み込んでいます。つまり専用ソフトとしての使いやすさと汎用ソフトの守備範囲の広さの両面が利用できます。ですから、当該アンケート集計システムに機能がないから諦めるのではなく、汎用システム Excel を活用することもできます。つまり、ゴールはアンケート調査から有意義な結論を導き出すことで、そのために、専用ソフトと汎用ソフトを有効に組み合わせながら、効率的、効果的にゴールにたどり着くことが目標です。

4.1 アンケート集計システムの概要

本書のアンケート集計システムは、表計算ソフト（Microsoft Excel）のマクロを利用したシステムで、アンケートの回答データについて、エラーチェック、単純集計、クロス集計などを簡便に行うことができます。もちろん、このマクロを使用しなくても表計算ソフトでそれらを行うことは可能です。しかし、表計算ソフトによる処理のように、何度も同じ処理を繰り返すことなく、マクロが効率的に処理します。ここでは、アンケート集計システムの操作を中心にその利用法を解説します。

4.1.1 保護ビューの解除

Excel のバージョンなどによっては、インターネットなどからダウンロードした Excel ファイルを初めて開く際には警告（保護ビュー）が表示されます。リボンの下に表示される「編集を有効にする」をクリックしてください。「保護ビューのままにしておくことをお勧めします」と表示されますが、データの書き換えなどが必要となる場合もありますので、編集可能にして利用してください。

4.1.2 Excel マクロの利用

本システムはマクロを利用するため、マクロが利用できる環境が必要です。そこで、まずマクロを利用するための手続きについて説明します。

(1) Excel 2013/2016 の場合

リボンの「ファイル」から「オプション」をクリックし、その中の「セキュリティセンター」をクリックします。

第4章　アンケート集計システムの利用法（利用者マニュアル）

4.1　アンケート集計システムの概要

「セキュリティセンターの設定」ボタンをクリックして、以下のダイアログを表示します。

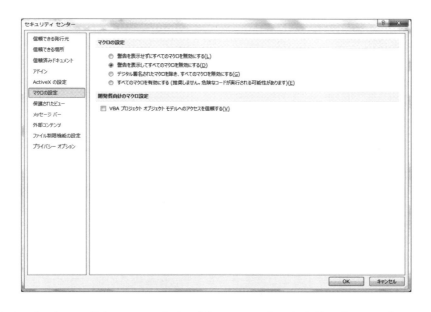

　この画面の「マクロの設定」で、一番下の「すべてのマクロを有効にする」でもよいのですが、「推奨しません」となっていますので、上から2行目の「警告を表示してすべてのマクロを無効にする」にチェックを入れて「OK」ボタンをクリックします。

こうしてからマクロを含む Excel ブックを起動すると、「セキュリティの警告バー」で、「マクロが無効にされました」が表示されます。

この状態ではマクロを使用することはできませんので、「コンテンツの有効化」ボタンをクリックして、マクロが利用できる状態にします。

(2) その他のバージョン（Excel 2013/2016 以外）の場合

この場合も、マクロを有効にしなければならないことに変わりはありませんが、その手順については、それぞれのマニュアルを参照してください。

4.1.3 ブックの構成

このアンケート集計システムは、Excel（ブック）の以下の 7 つのシートから構成されています。

シート	概要
Top	アンケート集計システムのメニュー画面。各機能はここからスタートします。
定義	アンケート調査における質問を定義します。
データ	アンケート回答者の回答を入力します。一人分の回答データを 1 行に入力するので、回答者数分の行データを入力します。
単純集計	単純集計結果が表示されます。
集計パラメタ	クロス集計を指示するパラメタを指定します。
クロス集計	集計パラメタで指示した集計結果が表示されます。
作業	途中の計算過程で使用する作業用のワークシートで参照する必要はありませんが、このシートが存在していないとマクロが正常に作動できなくなってしまいます。

これら 7 つのシートを削除することはできませんが、上記以外のシートを挿入することは可能です。

また、画面最下行の「シート見出し」によって、画面を切り替えることもできますが、マクロを実行するプロセスにおいては、ボタン操作により切り替えることができます。

4.1.4 メニュー画面(「Top」シート)

アンケート集計システムを起動すると、最初にこの「Top」シートが表示され、このシステムのメニュー画面となります。各機能は、このメニューの該当ボタンをクリックすることで使用します。また、それらの処理が終了した後は、「メニューに戻る」ボタンをクリックすると、このシートに戻ります。メニュー画面は、このシステムのホームポジションです。

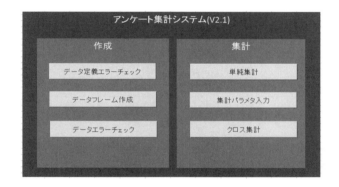

第2部　実践編

4.2 データ定義とそのエラーチェック

4.2.1 データ定義

アンケート集計システムが処理対象とする質問は、すべて「定義」シートの7行目以降に一つの質問を1行で定義しておきます。

質問は以下の項目を指定することによって定義します。

項目名	Q1、F1 など、質問番号のようなユニークなシンボルを定義します
区分	当システムで取り扱う質問は次の4種類で、その中の一つを定義します。種類は、半角、大文字の英字で入力します。 　　SA：択一（Single Answer）項目 　　MA：複数選択（Multi Answer）項目 　　RA：評定（Rating Answer）項目 　　VA：計量（Value Answer）項目
条件項目	当質問に回答する際に条件がある場合に、その条件となる質問の項目名を指定します。この条件項目を省略すれば（空白であれば）、全サンプルが集計対象の質問となります。 ただし、条件項目は択一（SA）項目、または評定（RA）項目のいずれかでなければなりません。
条件値	条件項目が指定された場合の選択肢を以下のいずれかで指定します。 　　正数：指定された選択肢の回答を対象とします。 　　負数：指定された選択肢を除く回答を対象とします。
最小	この欄は質問区分によって用法が異なります。
最大	選択肢の数、または回答として許容される最大値を指定します。
設問	質問文またはその要約を指定します。
1	1番目の選択肢
2	2番目の選択肢
:	:

これらは、区分（質問の種類）によって、用法が異なる部分があり、詳細は質問区分ごとに

70

説明します。

(1) 択一（SA）項目

これは、用意した選択肢の中から一つだけを選択して回答する質問です。

● 択一項目の例

F1　あなたの性別をお知らせください。
　　　①男　　②女
F2　あなたの年齢をお知らせください。
　　　① 20 未満　② 20 代　③ 30 代　④ 40 代　⑤ 50 以上

このような択一項目は以下のように定義します。

	A	B	C	D	E	F	G	H	I	J	K	L	M
1													
2										メニューに戻る			
3													
4													
5													
6	項目名	区分	条件項目	条件値	最小	最大	設問	1	2	3	4	5	
7	F1	SA				2	性別	男	女				
8	F2	SA				5	年齢	20未満	20代	30代	40代	50以上	
9													

「条件項目」欄と「条件値」欄については次項で詳しく説明します。

F列の「最大」欄で選択肢の数を定義します。

E列の「最小」欄は未使用で空白のままとするか、メモを記入することもできます。

H列以降（1、2、…）で「最大」欄で指定した選択肢の数だけ、選択肢または選択肢が長い場合にはその要約を定義します。

(2) 条件項目と条件値

質問の回答をすでに定義されている質問の回答によって制限する場合に、その条件を指定します。以下のように、ある選択肢を選んだ人だけを集計対象とし、それ以外は集計対象から除外する場合に定義します（下例の Q2、Q3 参照）。

第2部　実践編

● 条件項目の例

Q1　あなたは喫煙経験がありますか？
　　　①現在も吸っている　　②止めた　　　③吸ったことはない

Q2　Q1で①と回答した人に伺います。
　　　一日当たりどのくらいお吸いですか。
　　　　　①一箱未満　②一箱以上2箱未満　③2箱以上

Q3　Q1で②と回答した人に伺います。
　　　止めてからどのくらい経ちますか。
　　　　　①1年未満　②1年以上5年未満　③5年以上

そのためには、以下のように、指定します。

C列の「条件項目」欄に条件として引用する項目（ここではQ1）を指定します。

D列の「条件値」欄に、対象とする選択肢（ここでは、Q2の場合は1、Q3の場合は2）を指定します。

	A	B	C	D	E	F	G	H	I	J
1										
2										メニューに戻る
3										
4										
5										
6	項目名	区分	条件項目	条件値	最小	最大	設問	1	2	3
7	Q1	SA				3	喫煙	吸っている	止めた	吸ったことが無い
8	Q2	SA	Q1	1		3	喫煙量	一箱未満	一箱以上2箱未満	2箱以上
9	Q3	SA	Q1	2		3	禁煙期間	1年未満	1年以上5年未満	5年以上

また、以下のように、ある選択肢を選んだ人を集計対象から除くことも可能です。

Q4　Q1で①と②と回答した（③を除く）人に伺います。
　　　喫煙期間はどのくらいですか。
　　　　　①5年未満　②5年以上20年未満　③20年以上

72

この場合には、「条件値」欄に負数（マイナス）を指定することで、集計対象から除外します（下例のQ4参照）。

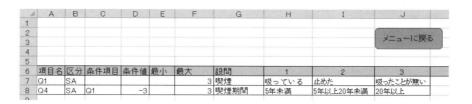

(3) 複数選択（Multi Answer）項目

複数選択（MA）項目とは、用意した選択肢の中から該当するものをいくつか（数を制限するか、制限せずに）選択する質問です。

● 複数選択項目の例

> Q7 あなたが日頃、行っている運動を次の中から選んでください。あてはまるものをいくつでもお答えください。
> ①ストレッチ　②ウォーキング　③ジョギング　④ランニング

この複数選択（MA）項目は以下のように定義します。

6	項目名	区分	条件項目	条件値	最小	最大	設問	1	2	3	4	5
7	Q7	MA				4	よくやる運動	ストレッチ	ウォーキング	ジョギング	ランニング	

F列の「最大」欄で選択肢の数を定義します。

E列の「最小」欄は回答数を制限する場合にその制限数を指定します。

H列以降（1、2、…）で「最大」欄で指定した選択肢の数だけ、選択肢または選択肢が長い場合にはその要約を定義します。

ここで、回答数の制限とは、「あてはまるものを2つまでお答えください。」というように「いくつでも」を取り除く場合で、以下のように定義します。

6	項目名	区分	条件項目	条件値	最小	最大	設問	1	2	3	4	5
7	Q7	MA			2	4	よくやる運動	ストレッチ	ウォーキング	ジョギング	ランニング	

第2部　実践編

「条件項目」と「条件値」については前項と同じです。

(4) 評定（Rating Answer）項目

　評定（RA）項目とは、選択肢の中から一つを選択する点では、択一（ＳＡ）項目と同じですが、選択肢の値に意味（重み）を持たせるという点で、計量（VA）項目の機能を併せ持っています。

● 評定項目の例

Q5　あなたは日頃、あなたの健康をどのように意識されていますか？　あてはまるものを一つ選んでください。
　　　①大いに注意している　　②まあ注意している　　③どちらともいえない
　　　④どちらかといえば注意していない　　⑤まったく注意していない

Q6　あなたは日頃、どの程度、運動していますか？　あてはまるものを一つ選んでください。
　　　①よくやっている　　②まあやっている
　　　③あまりやっていない　　④まったくやっていない

なお、評定項目の定義自体は択一項目と同じです。

項目名	区分	条件項目	条件値	最小	最大	設問	1	2	3	4	5
Q5	RA				5	健康への気遣い	大いに注意している	まあ注意している	あまり注意していない	どちらといえば注意していない	まったく注意していない
Q6	RA				4	日常的な運動	よくやっている	まあやっている	あまりやっていない	まったくやっていない	

　Ｆ列の「最大」欄で選択肢の数を定義します。

　Ｅ列の「最小」欄は未使用で空白のままとするか、メモを記入することもできます。

　Ｈ列以降（1、2、…）で「最大」欄で指定した選択肢の数だけ、選択肢または選択肢が長い場合にはその要約を定義します。

　また、「条件項目」欄と「条件値」欄についてはSA項目の使い方と同じです。

74

（5）計量（Value Answer）項目

計量（VA）項目とは数値に限定した自由回答項目です。

● 計量項目の例

Q8　あなたの収入はひと月当たりいくらくらいですか？

　　　[　　　　　　]　円／月

Q9　あなたの小遣いはひと月当たりいくらくらいですか？

　　　[　　　　　　]　円／月

このVA項目は以下のように定義します。

	項目名	区分	条件項目	条件値	最小	最大	設問	1
5								
6	項目名	区分	条件項目	条件値	最小	最大	設問	1
7	Q8	VA					収入	
8	Q9	VA			10000	80000	小遣い	
9								

「条件項目」欄と「条件値」欄の使い方はこれまでと同じです。

「最大」欄では回答の最大値を制限する場合にその最大値を指定します。これより大きな値がエラーとなります。

「最小」欄では回答の最小値を制限する場合にその最小値を指定します。これより小さな値がエラーとなります。

ただし、これらは省略することができます。省略すると、エラーチェックは行われません。したがって、この例のQ8は最小値、最大値が定義されていないので、エラーは検出されず、Q9の回答は、10,000 〜 80,000の範囲内になければエラーとなります。

4.2.2 データ定義エラーチェック

以上のようにアンケート調査で使用するすべての質問が定義できたら、そのエラーチェックを行います。「Top」シートのメニュー画面で「データ定義エラーチェック」をクリックすると、「定義」シートに定義されているデータ定義についてのエラーチェックがスタートします。

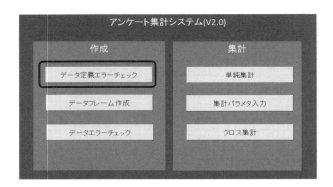

下表はデータ定義に関するエラーチェックとその対策をまとめたものです。

エラー	概要	対策
項目の区分に誤りがあります	B列に、SA、MA、RA、VA以外が指定されています。	B列を、SA、MA、RA、VAのいずかの区分に修正するか、その行を削除してください。
最小、最大の関係が逆転しています	E列≦F列となっていません。	E列≦F列となるように修正してください。 ※ただし、択一（SA）項目のE列はメモで除外してください。
〜の条件値が範囲を超えています	D列の値が、「条件項目」欄で指定してある「最大」欄の値を超えています。	D列を修正するか、「条件項目」欄の「最大」欄の値を修正してください。
〜が定義シートに見つかりません	「定義」シートで定義されていない項目名が引用されています。	引用する「項目名」欄を修正するか、「定義」シートにデータを追加してください。
必要なカテゴリーが不足しています	F列の「最大」欄の値だけの選択肢または、その要約がH列以降に定義されていません。	F列の「最大」欄の値を修正するか、H列以降のカテゴリーを追加してください。

　データ定義エラーチェックの結果は、「定義」シートの対応するセルが黄色で塗りつぶされているので、関連性を含め、後から確認しながら修正することもできます。

第4章 アンケート集計システムの利用法（利用者マニュアル）
4.2 データ定義とそのエラーチェック

	A	B	C	D	E	F	G	H	I	J	K	L
1												
2										メニューに戻る		
3												
4												
5												
6	項目名	区分	条件項目	条件値	最小	最大	設問	1	2	3	4	5
7	F1	SA				2	性別	男	女			
8	F2	SA	F3			5	年齢	20未満	20代	30代	40代	
9	Q1	SA				3	喫煙	吸っている	止めた	吸ったことが無い		
10	Q2	SA	Q1	4		3	喫煙量	一箱未満	一箱以上2箱未満	2箱以上		
11	Q3	SA	Q1	2		3	禁煙期間	1年未満	1年以上5年未満	5年以上		
12	Q4	SA	Q1	-3		3	喫煙期間	5年未満	5年以上20年未満	20年以上		
13	Q5	RA				4	健康への気遣い	大いに注意している	まあ注意している	あまり注意していない	まったく注意していない	
14	Q6	RA				4	日常的な運動	よくやっている	まあやっている	あまりやっていない	まったくやっていない	
15	Q7	MA			6	4	よくやる運動	ストレッチ	ウォーキング	ジョギング	ランニング	
16	Q8	VA					収入					
17	Q9	VA			10000	5000	小遣い					
18												

エラーがない場合には以下のダイアログが表示されるので、次のプロセスに進むことができます。

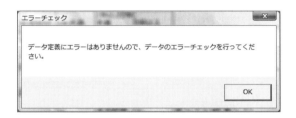

「OK」ボタンをクリックした後、「メニューに戻る」ボタンをクリックしてメニューに戻ります。

	A	B	C	D	E	F	G	H	I	J	K	L	M
1													
2										メニューに戻る			
3													
4													
5													
6	項目名	区分	条件項目	条件値	最小	最大	設問	1	2	3	4	5	
7	F1	SA				2	性別	男	女				
8	F2	SA				5	年齢	20未満	20代	30代	40代	50以上	
9	Q1	SA				3	喫煙	吸っている	止めた	吸ったことが無い			
10	Q2	SA	Q1	1		3	喫煙量	一箱未満	一箱以上2箱未満	2箱以上			
11	Q3	SA	Q1	2		3	禁煙期間	1年未満	1年以上5年未満	5年以上			
12	Q4	SA	Q1	-3		3	喫煙期間	5年未満	5年以上20年未満	20年以上			
13	Q5	RA				4	健康への気遣い	大いに注意している	まあ注意している	あまり注意していない	まったく注意していない		
14	Q6	RA				4	日常的な運動	よくやっている	まあやっている	あまりやっていない	まったくやっていない		
15	Q7	MA			2	4	よくやる運動	ストレッチ	ウォーキング	ジョギング	ランニング		
16	Q8	VA					収入						
17	Q9	VA			10000	80000	小遣い						
18													

77

4.3 データ入力とそのエラーチェック

4.3.1 データフレームの作成

　本システムでは、回答データを「データ」シートに入力します。その「データ」シートは、以下のように、2行の見出し行から構成します。

　　6行目：質問項目名
　　7行目：複数選択（MA）項目の選択肢番号

　したがって、複数選択（MA）項目がない場合には、7行目は空白行となります。これは、手入力すれば作成することはできますが、上記の煩わしさから、マクロで作成することができます。

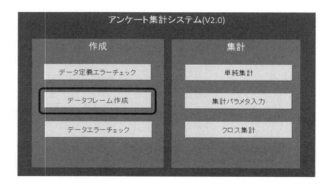

　そのためには、「メニュー画面」の「データフレーム作成」をクリックします。
　「データフレーム作成」では、すでに入力されているデータを破棄して新規にデータシートを初期化するため、以下のダイアログが表示されます。

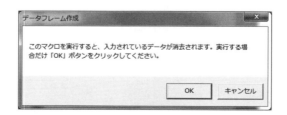

ここで、「OK」ボタンをクリックすると、「定義」シートで定義されている質問項目を入力するための「データ」シートを以下のように作成します。正しく、データシートが編集されていることを確認して、「メニューに戻る」ボタンをクリックして、メニューに戻ります。

▲	A	B	C	D	E	F	G	H	I	J	K	L	M	N	O	P	Q
1														エラーのカラーコード			
2										メニューに戻る				明るい赤	データの値が定義範囲を外れている		
3														明るい緑	不要なデータが入力されている		
4														明るい黄"	回答数が上限を超えている		
5																	
6	No	F1	F2	Q1	Q2	Q3	Q4	Q5	Q6	Q7				Q8	Q8		
7										(1) (2) (3) (4)							
8																	
9																	
10																	
11																	
12																	

なお、「データ」シートの見出し行をこのマクロではなく、自分自身で作成する場合には、以下に留意してください。

- 6行目には項目名を置き、項目名は「定義」シートの項目名と一致させてください。たとえば「定義」シートに全角で入力された英数字と、「データ」シートで半角に入力された英数字は、同じ文字として認識されません。
- 7行目はMA項目に対応してその選択肢番号を記入してください。したがって、MA項目以外では何も入力しないこと（ヌル値）とします。
- 「データ」シートの項目名の順序は、必ずしも「定義」シートの定義順である必要はありません。
- 「定義」シートで定義された項目名は、「データ」シートに定義されている必要があります。逆に、「定義」シートで定義されていない項目名が「データ」シートにあっても構いません。ただし、それらは引用することはできません。

4.3.2 回答データの入力

(1) No

A列の「No」欄には、アンケート回答用紙に付番されている番号を入力します。これは後続するデータエラーが検出された場合に原票に戻るための番号ですが、番号が付番されていない場合には連続番号でも構いません。

(2) 回答

それぞれの回答は各質問の区分に対応して以下のように入力します。

項目区分	集計
SA	1～選択肢数までの数値を入力します。
MA	選択されている選択肢を1として入力し、選択されていない場合には0または空欄（ヌル）のままとします。
RA	SA項目同様、1～選択肢数までの数値を入力します。
VA	直接、数値として回答を入力します。

(3) 無回答

なお、無回答または条件付き質問の非該当については、何も入力せず、空欄（ヌル）のままとしておきます。

では、全体を具体的に見てみましょう。

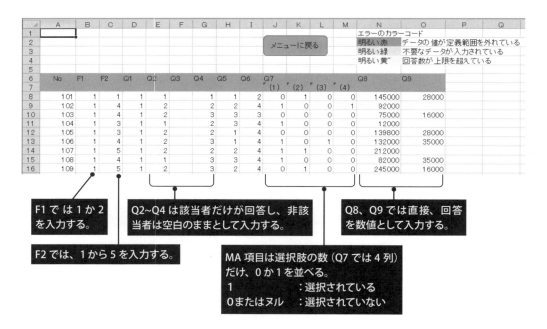

4.3.3 データエラーチェック

　回答データが入力できたら、そのエラーチェックを行います。メニュー画面の「データエラーチェック」ボタンをクリックすることで行うことができます。

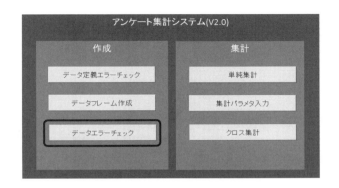

　これは以下の2つのプロセスに分けて行います。

(1)「定義」シートと「データ」シートの整合性

　これは「定義」シートのデータ定義と「データ」シートのデータとの整合性に関する以下のようなチェックです。

- 「定義」シートの項目名が「データ」シートの先頭行（6行目）に定義されているか？
- 複数選択（MA）項目の場合、選択肢の数だけ、「データ」シートの該当位置に列が確保されているか？

　したがって、項目名の定義に当たっては、「定義」シートと「データ」シートの項目名を一致させてください。以下のように、見た目には「同じ」であっても、「等しくない」とならないように、全角と半角を使い分ける必要があります。

(1)	(2)	判定
Q1（共に半角）	Q1（共に半角）	等しい
Ｑ１（共に全角）	Ｑ１（共に全角）	
Q1（共に半角）	Ｑ１（共に全角）	等しくない
Ｑ１（共に全角）	Ｑ1（Qは全角、1は半角）	

第2部　実践編

「定義」シート

項目名	区分	条件項目	条件値	最小	最大	設問	1	2	3	4	
F1	SA				2	性別	男	女			
F2	SA				5	年齢	20未満	20代	30代	40代	50以上
Q1	SA				3	喫煙	吸っている	止めた	吸ったことが無い		
Q2	SA	Q1	1		3	喫煙量	一箱未満	一箱以上2箱未満	2箱以上		
Q3	SA	Q1	2		3	禁煙期間	1年未満	1年以上5年未満	5年以上		
Q4	SA	Q1	-3		3	喫煙期間	5年未満	5年以上20年未満	20年以上		
Q5	RA				5	健康への気遣い	大いに注意している	まあ注意している	あまり注意していない	まったく注意していない	
Q6	RA				5	日常的な運動	よくやっている	まあやっている	あまりやっていない	まったくやっていない	
Q7	MA			2	4	よくやる運動	ストレッチ	ウォーキング	ジョギング	ランニング	
Q8	VA					収入					
Q9	VA			10000	80000	小遣い					

「データ」シート

エラーのカラーコード
明るい赤	データの値が定義範囲を外れている
明るい緑	不要なデータが入力されている
明るい黄	回答数が上限を超えている

メニューに戻る

No	F1	F2	Q1	Q2	Q3	Q4	Q5	Q6	Q7 (1)	(2)	(3)	(4)	Q8	Q9
101	1	1	1		1	1	2	0	1	0	0		145000	28000
102	1	4	1		2	2	4	1	0	0	1		92000	
103	1	4	1		3	3	3	0	0	0			75000	16000
104	1	3	1		2	3	4	1	0	0			12000	

(2) データエラーチェック

　続くデータエラーチェックでは、以下のエラーチェックを行います。エラーが検出された箇所には、セルに色が付きます。

エラーチェック	概要	対策
データ範囲 "明るい赤"	SA、RA 項目の場合 　1≦セル値≦最大値 MA 項目の場合 　0 または 1 VA 項目の場合 　最小値≦セル値≦最大値	該当するセルの値を最小値と最大値の中に納まるように修正してください。
条件付き項目の条件 "明るい緑"	条件が満足されていないのに回答が入力されています。	条件項目の回答を修正するか、条件が満足されていれば回答を入力するか、条件が満足されていなければ回答を削除してください。
複数選択（MA）項目の、回答数制限 "明るい黄"	MA 項目の E 列で指定されている「選択数制限」より多くの回答が入力されています。	MA 項目の E 列で指定されている制限以下の回答に修正してください。

　たとえば、以下のような条件が指定されているとき、

項目名	区分	条件値	最少	最大
Q1				2
Q2	Q1	1		3

　次のデータでは、網掛け部分が「不要なデータが入力されている」ためにエラーとなり、セルの色が"明るい緑"になります。

No	Q1	Q2
1	1	1
2	1	2
3	1	
4	2	1
5	2	2
6	2	
7		1
8		2
9		

　また2段以上に条件を重ねる場合には、データがその条件を満足するように入力されている、つまり、条件に従ってデータにエラーがない必要があります。たとえば、以下の3つの項目が定義されているとします。

項目名	区分	条件値	最少	最大
Q1				2
Q2	Q1	1		3
Q3	Q2	1		4

　このとき、次のデータが入力されると、網掛け部分が「不要なデータが入力されている」ためにエラーとなり、セルの色が"明るい緑"になります。

No	Q1	Q2	Q3
1	1	1	2
2	1	2	3
3	1		3
4	2	1	3
5	2	2	3

第2部　実践編

6	2		3
7		1	
8		2	
9			

つまり、以下のフローチャートのように、Q3が有効（集計対象）となるのは、

　　Q1=1　でかつ　Q2=1

の場合だけということになります。

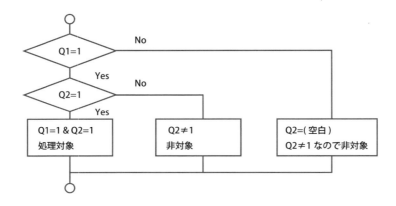

以上のエラーチェックの結果、エラーを検出した場合は、該当セルがエラーに対応した色で塗りつぶされるので、原票に戻って修正することもできます。

もし、エラーが検出されなければ、以下のダイアログが表示されるので、「OK」ボタンで閉じてから、

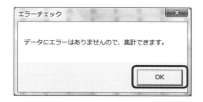

「データ」シートの「メニューに戻る」ボタンでメニューに戻ります。

4.4 単純集計

単純集計とは、質問ごとの基本集計で、「定義」シートに基づいて自動的に集計を行います。メニュー画面の「単純集計」ボタンをクリックすることで集計がスタートします。

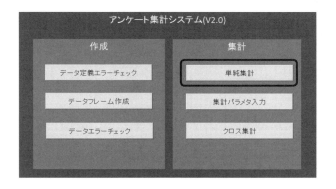

(1) SA 項目

SA 項目の場合は、以下のように選択肢ごとの度数を集計します。

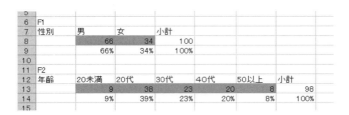

なお、質問ごとに小計が異なる場合は、データにエラーがあるまま集計しているか、または無回答（ヌルなどの空欄）があるためです。

(2) 条件項目の場合

条件項目が指定されている場合には、該当者だけを対象として集計します。これは他の MA、RA 項目や VA 項目についても同様です。以下の Q2 と Q3 はそれぞれ Q1 の回答によって制限されています。

項目名	区分	条件項目	条件値	最小	最大	設問
Q1	SA				3	喫煙
Q2	SA	Q1	1		3	喫煙量
Q3	SA	Q1	2		3	禁煙期間

したがって、Q2 は Q1 で 1 と回答した回答者だけを対象とし、Q3 は Q1 で 2 と回答した回答者だけを対象とすることになります。

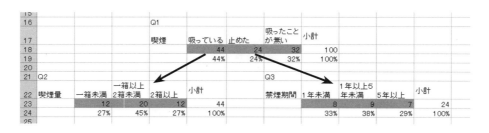

また、条件値にマイナス値が指定されている場合には、「その値以外」を対象として集計します。

項目名	区分	条件項目	条件値	最小	最大	設問
Q1	SA				3	喫煙
Q4	SA	Q1	−3		3	喫煙期間

したがって、Q4 は Q1 で 3 以外（1 と 2）と回答した回答者だけを対象とします。

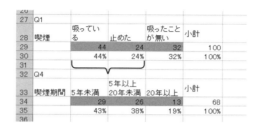

(3) MA 項目

　MA 項目の場合も、以下のように選択肢ごとの度数を集計します。ただし、各選択肢が複数選択されている場合には、回答数（度数）の合計が標本数より多くなることになります。逆に、複数選択されていなければ、回答数（度数）の合計が標本数に満たないことになります。

(4) RA 項目

　この RA 項目の場合は、選択肢ごとの度数を集計する点では SA 項目と同じですが、ここでは平均値を集計します。すなわち、この RA 項目としての機能と VA 項目としての機能を併せ持っているわけです。

Q5（健康への気遣い）、Q6（日常的な運動）ともに、定義されている選択肢数は 4 で中心は 2.5（どちらともいえない）ですから、Q6 の平均（2.10）は中心以下となり、注意していない人を注意している人が上回っている様子を示しています。

一方、Q6 の平均（2.99）は中心以上となり、日常的に運動している人を運動していない人が上回っています。

このように、定義されている選択肢の数によって中心が決まるので、中心との位置関係から平均値の意味を解釈する必要があります。

(5) VA 項目

VA 項目の場合は、標本数（データ件）、最小値、最大値、平均値を集計、表示します。

すべての単純集計が確認できたら、「メニューに戻る」ボタンをクリックします。

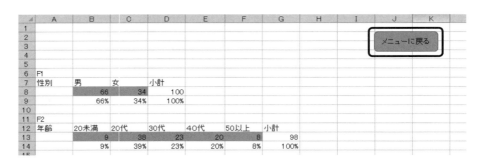

4.5 クロス集計

4.5.1 集計パラメタ入力

クロス集計とは、「集計パラメタ」シートで指定した集計方法に基づく 2 次元集計で、先に集計パラメタを入力しておく必要があります。

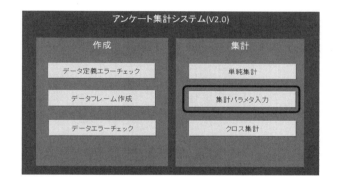

メニュー画面の「集計パラメタ入力」ボタンをクリックすると、「集計パラメタ」シートに移動しますので、ここで、クロス集計用の集計パラメタを 6 行目以降に入力します。

ここで、クロス集計を行うためのパラメタは以下のように定義します。

項目指定	概要
テーブル名	集計結果に付ける名前で、表頭、表側項目から割り当てます。
表側（行）	Excel ピボットテーブルの行フィールドで、必ず、SA 項目を指定します。
表頭（列）	Excel ピボットテーブルの列フィールドで、ここでは、SA、MA、RA 項目を指定することができます。

89

項目指定	概要
集計（Σ）	ここでは、RA 項目または VA 項目を指定します。後続する集計方法に基づく、表側（行）×表頭（列）の 2 次元集計を行います。 ただし、この項目を省略した場合には、表側（行）×表頭（列）の度数分布のクロス集計を行います。
集計方法	集計（Σ）で RA 項目または VA 項目を指定した場合に、その集計方法として、合計、平均のいずれかを指定します。 省略された場合には、合計の集計を行います。また、集計（Σ）が省略された場合は、この集計方法も省略します。

　以下のようにクロス集計のためのパラメタが入力できたら、「メニューに戻る」ボタンをクリックします。

	A	B	C	D	E
5	テーブル名	表側(行)	表頭(列)	集計(Σ)	集計方法
6	性別年齢	F1	F2		
7	年令別喫煙	F2	Q1		
8	性別喫煙	F1	Q1		
9	性別喫煙量	F1	Q2		
10	性別収入	F1	F2	Q8	平均
11	性別年齢別小遣い	F1	F2	Q9	合計
12	性別年齢別日常運動	F1	F2	Q6	平均

　集計パラメタが入力できたら、メニュー画面の「クロス集計」により、集計を始めます。

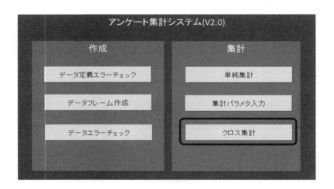

　なお集計すると、「集計パラメタ」シートの G 列から M 列に値が設定されますが、これは作業用のメモで、集計が終われば削除、変更しても構いません。

4.5.2 択一項目の集計

択一項目のクロス集計では、回答数が標本数を超えることはありません。

（1）SA × SA 項目の場合

テーブル名	表側（行）	表頭（列）	集計（Σ）	集計方法
性別年齢	F1	F2		

F1 の単純集計

	A	B	C	D	E	F	G	H	I
1									
2									
3	性別年齢		F2	年齢					
4			20未満	20代	30代	40代	50以上	小計	検定
5	F1	男	5	27	9	13	9	63	
6	性別		8%	43%	14%	21%	14%	100%	
7		女	4	11	11	7	0	33	
8			12%	33%	33%	21%	0%	100%	
9		小計	9	38	20	20	9	96	
10			9%	40%	21%	21%	9%	100%	

F2 の単純集計

クロス集計では、選択肢ごとの度数分布が集計されます。「小計」欄は基本的には、それぞれの単純集計と一致しますが、未回答（空白やヌル値）が含まれている場合には一致しないことになります。上記の標本数は 100 ですが、質問「F1」では 2 件の未回答が含まれています。

2	F1			
3	性別	男	女	小計
4		64	34	98
5		65.3	34.7	100.0

同様に、質問「F2」でも 2 件の未回答が含まれています。

7	F2						
8	年齢	20未満	20代	30代	40代	50以上	小計
9		9	38	22	20	9	98
10		9.2	38.8	22.4	20.4	9.2	100.0

このとき、F1 × F2 のクロス集計で、F1 が未回答の回答者が同時に F2 も未回答であれば、その小計も 98 となりますが、F1 が未回答の回答者と、F2 が未回答の回答者が異なる場合には、小計が 96 となるわけです。

第2部　実践編

（2）SA × RA 項目の場合

テーブル名	表側（行）	表頭（列）	集計（Σ）	集計方法
喫煙別健康意識	Q1	Q5		

99 喫煙別健康意識		Q5	健康への気遣い							
		大いに注意している	まあ注意している	どちらともいえない	あまり注意していない	まったく注意していない	小計	検定	平均
101 Q1	吸っている	5	12	8	10	9	44		3.1
102 喫煙		11%	27%	18%	23%	20%	100%		
103	止めた	9	6	3	3	3	24		2.4
104		38%	25%	13%	13%	13%	100%		
105	吸ったことが無い	5	8	5	9	5	32		3.0
106		16%	25%	16%	28%	16%	100%		
107	小計	19	26	16	22	17	100		2.9
108		19%	26%	16%	22%	17%	100%		

　表頭に RA 項目を指定すると、SA × SA のときと同じような度数分布表が集計され、その平均値が追加されます。

（3）検定結果とその表示

　本システムでは χ^2（カイ二乗）検定を利用しています。その詳細は 6.1.3 項で解説しますが、クロス集計における選択された選択肢の独立性に関する以下の仮説を検定します。

帰無仮説	表側と表頭の選択肢の選択は独立で、関係があるとはいえない。
対立仮説	表側と表頭の選択は独立ではなく、何らかの関係がある。

　検定の結果は、表頭項目が SA、RA 項目の場合はクロス集計表に一つ、表頭項目が MA 項目の場合には、その選択肢ごとに、以下の 3 つのいずれかが表示されます。

表示	検定結果
**	1%の有意水準によって、帰無仮説が棄却できる。 すなわち、表側と表頭の選択肢の選択には何らかの関係があるといえる。
*	5%の有意水準によって、帰無仮説が棄却できる。 すなわち、表側と表頭の選択肢の選択に何らかの関係があるといえる。
（空白）	5%の有意水準によっても、帰無仮説は棄却できない。 すなわち、表側と表頭の選択肢の選択は独立で、何らかの関係があるといえない。

4.5.3 複数選択項目の集計

表頭に、MA 項目を指定した場合のクロス集計では、全回答数の合計が標本数を超えることも逆に満たないこともあります。

テーブル名	表側（行）	表頭（列）	集計（Σ）	集計方法
喫煙別運動	Q1	Q7		

127								
128	喫煙別運動		Q7	よくやる運動				
129			ストレッチ	ウォーキング	ジョギング	ランニング	標本数	
130	Q1	吸っている	13	17	5	2	44	
131	喫煙		30%	39%	11%	5%	100%	
132		止めた	1	13	2	5	24	
133			4%	54%	8%	21%	100%	
134		吸ったことが無い	11	11	2	15	32	
135			34%	34%	6%	47%	100%	
136		小計	25	41	9	22	100	
137			25%	41%	9%	22%	100%	
138		検定	*			**		
139								

なお表頭に MA 項目を指定した場合の検定結果は、その MA 項目の選択肢ごとに表示されます。表頭に SA 項目を指定した場合のようにクロス集計表に一つ表示されるわけではありません。

4.5.4 数値項目としての集計

（1）VA 項目のクロス集計

以下は、集計方法が省略されているので、合計を集計します。

テーブル名	表側（行）	表頭（列）	集計（Σ）	集計方法
性別年齢別小遣い	F1	F2	Q9	

148									
149	性別年齢別小遣い	合計	F2	年齢					
150			20未満	20代	30代	40代	50以上	小計	標本数
151	F1	男	140,000	733,000	201,000	361,000	148,000	1,583,000	63
152	性別								
153		女	112,000	421,000	604,000	203,000	0	1,340,000	33
154									
155		小計	4	11	11	7	0	2,923,000	96
156									

第2部　実践編

また、以下は集計方法に「平均」を指定しているので、平均値が集計されます。

テーブル名	表側（行）	表頭（列）	集計（Σ）	集計方法
性別収入	F1	F2	Q8	平均

138	性別収入	平均	F2 20未満	年齢 20代	30代	40代	50以上	小計	標本数
140	F1	男	135000.0	114051.9	71997.8	112538.5	135933.3	112520.3	63
141	性別								
142		女	52500.0	70363.6	88454.5	116285.7		83969.7	33
143									
144		小計	98333.3	101405.3	81049.0	113850.0	135933.3	102706.0	96

なお、平均値は、小数点以下第1位まで表示します。正しく表示されない場合には、書式の小数点以下を調整するか、たとえば、回答をkmから、mで収集するなど、適正な単位を選択することによって、表示範囲を補正する必要があります。

（2）RA項目のクロス集計

　RA項目は、SA項目のように選択肢ごとの度数を集計するばかりでなく、VA項目と同じように、合計や平均を集計することができます。いまQ6（日常的な運動）が以下のRA項目として定義されているものとします。

値	選択肢
1	よくやっている
2	まあやっている
3	あまりやっていない
4	まったくやっていない

　このとき、以下のクロス集計を行います。

テーブル名	表側（行）	表頭（列）	集計（Σ）	集計方法
性別年齢別日常運動	F1	F2	Q6	平均

160	性別年齢別日常運動	平均	F2 20未満	年齢 20代	30代	40代	50以上	小計	標本数
162	F1	男	2.4	2.5	3.8	3.2	2.7	2.8	64
163	性別								
164		女	3.3	3.0	3.5	3.0		3.2	34
165									
166		小計	2.8	2.6	3.6	3.1	2.7	3.0	98

94

第4章　アンケート集計システムの利用法（利用者マニュアル）

4.5　クロス集計

　Q6 で定義されている選択肢の数は 4 ですから、その中心（評定平均）は 2.5 となり、2.5 より小さければ「よく運動している」、逆に 2.5 よりも大きければ「あまり運動していない」と意識されていることになります。

　すべてのクロス集計結果が確認できたら、「メニューに戻る」ボタンをクリックします。

	A	B	C	D	E	F	G	H	I	J	K
1											
2										メニューに戻る	
3											
4											
5											
6	性別年齢		F2	年齢							
7			20未満	20代	30代	40代	50以上	小計	検定		
8	F1	男	5	27	11	13	8	64			
9	性別		8%	42%	17%	20%	13%	100%			
10		女	4	11	12	7	0	34			
11			12%	32%	35%	21%	0%	100%			
12		小計	9	38	23	20	8	98			
13			9%	39%	23%	20%	8%	100%			
14											
15											

95

第5章
アンケート調査の実施

アンケート調査の実施といっても、個々の回答者に回答していただく、というよりも、アンケート調査期間中または、期間終了直後にやるべきことを見てみましょう。

5.1 質問票の回収とその整理

調査の実施によって、調査票が回収されたら、以下のような整理作業を行います、

5.1.1 目視チェック

回収された質問票の回答がきちんと記入されているか、目視チェックを行います。これは、回答を電子データとして入力できるかどうかのチェックです。

- 0（ゼロ）、6、9か、2、3か、1、4かなど判別できない
- 記入欄を逸脱していて、回答がどこにあるか分からない
- 選択肢に○を記入する質問で、○の位置がどちらの選択肢を選んだのか判別できない

これらは、質問票を回収する際、本人に確認できれば理想的ですし、後日であっても本人が特定でき、本人に確認できればよいのですが、多くの場合は、それは不可能です。したがって、

97

第2部　実践編

これらは可能な限り修復し、もしどうしても修復できない場合には、空白（未回答）として扱う必要があります。

　ただし、フェイスシート項目（回答者の属性を表す質問）の回答に、このような未回答データが含まれていたり、回答の全体が判別できないという場合には、標本（サンプル）を削除する、すなわち、回収できなかったことにすることも検討しなければなりません。

5.1.2 ナンバリング

　これは、質問票の片隅に振る固有の連続番号です。もし「ナンバリング」という道具があれば、簡便に、正確に連続番号を振ることができます。「ナンバリング」がなければ、連続番号を手書きしておきます。

　この連続番号は、コンピュータによるエラーチェックによってエラーが検出された際に、原票を特定するために用いるので、唯一無二の固有番号でなければなりません。

5.1.3 アフターコーディング

　質問の回答に、

　　その他［具体的にご記入ください　　　　　　　　　　　　　　　　　　　］

という選択肢を用意した場合に、この自由記述の回答は、以下のように取り扱うことになります。

- ● **A案**　　そのまま、「『その他』が何人（全体の何％）いた」というように、他の選択肢と同じように集計し、その自由記述としては、どんな記述があったかを別途まとめる。
- ● **B案**　　たとえば、テキストマイニングのような分析ができる場合には、その結果を報告する。
- ● **C案**　　自由記述の内容をグループ化し、そのグループを新たな選択肢（アフターコード）に加える。

　すなわち、C案では、個々の質問票には、どの選択肢が選択されたのか、記入しておきます。これをアフターコーディングというわけです。新たな選択肢を追加したり、アフターコーディ

第5章　アンケート調査の実施

5.2　データ入力

ング自体を正確に行う作業はたいへんですが、後の集計、分析を他の選択肢と同じように進めることができます。

5.2　データ入力

　以上の作業が終ったら、いよいよ回答データを電子化します。Web によるアンケート調査のように、すでに電子データとして回収されている場合を除き、以下のような方法によって回答を電子データとして入力します。

5.2.1　OMR の利用

　OMR（Optical Mark Reader）とは、鉛筆で塗りつぶしたマークを光の反射によって読み取る装置のことで、高速で高精度を特徴としています。ただし、高精度は「疑わしきは読まず」という設計方針に基づいており、人間が見れば分かるようなマークであっても正しくマークされていなければ、エラーとして扱われます。この機械で電子化する場合には、OMR で入力できるマークシートを用意しなければなりません。これには以下の2つがあります。

（1）質問文と回答用紙を分離する（汎用シートの利用）

　あらゆる用途に利用できる汎用的なマークシートを利用するもので、安価ではありますが、回答記入用のマークシートとは別に質問票を用意しなければなりません。回答をどこにマークしたらよいのか混乱しないための配慮が求められます。場合によっては、調査員が回答者の回答を聞き取って、調査員が回答を記入するような場面で利用されます。

（2）質問文のある部分に解答欄を印刷する（専用シートの利用）

　これは、質問文とその回答の記入欄を同じシート上に印刷する専用シートで、国勢調査のような大規模な調査に利用されます。回答者本人がマークしやすい反面、専用シートとして調査ごとに独自の印刷をしなければなりません。さらに、1枚のシートに収まるような調査であればよいのですが、複数シートに及ぶような調査ではハンドリングが厄介です。

第2部　実践編

5.2.2　OCR の利用

OCR（Optical Character Reader）とは、郵便番号の入力のように、手書き文字を文字として認識するソフトウェアです。OMR と同じように、スキャナから入力したイメージ（図や絵などを点の集まりとして表現したもの）から文字に変換するソフトウェアです。

OCR を用いる場合も次の 2 通りが利用できます。

（1）質問文と回答用紙を分離する

質問冊子と回答用紙を分ける方法です。一般的に、回答用紙はあらゆる用途に利用できる汎用的なシートが用いられます。質問票が複数ページに及んでも、回収する回答用紙は 1 枚で済む点で便利です。しかし、この場合にはマークシートの場合と同じように、回答をどこに記入するのか混乱しないようにする配慮が求められます。

（2）質問票に印刷した回答欄から入力する（専用シートの利用）

これは印刷した質問票の回答記入欄から、OCR で直接、入力するものです。そのために調査票を設計、印刷する必要があります。回答者がどこに回答を記入するか迷わないというメリットの一方で、どこに回答が記入されているのか、つまり、文字の認識領域を定義しなければならず、質問票が複数ページに及ぶと、そのハンドリングが厄介です。

5.2.3　手入力

OMR や OCR も回答データの入力手段として使うことは可能ですが、厄介な課題を解決しなければならず、小規模な調査であれば、人間が入力した方が速いということも少なくありません。

ここでは、本書の「アンケート集計システム」を使って集計することを前提に Excel シートにデータを入力する方法を見てみましょう。なお、詳細は第 4 章「アンケート集計システムの利用法（利用者マニュアル）」を参照ください。

（1）データ定義

「アンケート集計システム」を使ってデータを入力するためには、まず「データ定義」が必要となります。これは、このアンケート調査で、どんな質問をするのかを定義するもので、以下のように「定義」シートに一つの質問を 1 行で定義します。

5.2 データ入力

	A	B	C	D	E	F	G	H	I	J	K	L
6	項目名	区分	条件項目	条件値	最小	最大	設問	1	2	3	4	5
7	F1	SA				2	性別	男	女			
8	F2	SA				5	年齢	20未満	20代	30代	40代	50以上
9	Q1	SA				3	喫煙	吸っている	止めた	吸ったことが無い		
10	Q2	SA	Q1	1		3	喫煙量	一箱未満	一箱以上2箱未満	2箱以上		
11	Q3	SA	Q1	2		3	禁煙期間	1年未満	1年以上5年未満	5年以上		
12	Q4	SA	Q1	-3		3	喫煙期間	5年未満	5年以上20年未満	20年以上		
13	Q5	RA				4	健康への気遣い	大いに注意している	まあ注意している	あまり注意していない	まったく注意していない	
14	Q6	RA				4	日常的な運動	よくやっている	まあやっている	あまりやっていない	まったくやっていない	
15	Q7	MA			2	4	よくやる運動	ストレッチ	ウォーキング	ジョギング	ランニング	
16	Q8	VA					収入					
17	Q9	VA			10000	80000	小遣い					

　このデータ定義ができたら、データ定義そのものにエラーがないことを確認します。そのために、「データ定義エラーチェック」を実行し、エラーがないことを確認しておきます。もし、エラーがあるまま、以降の処理を進めると意図した結果が得られないばかりか、重大なシステム障害に至る場合があります。したがって、データ定義エラーチェックは、最初にデータ定義をしたときばかりでなく、データ定義を修正したときも、必ず実行する必要があります。

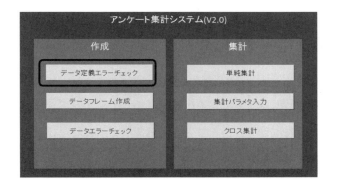

(2) データフレームの作成

　次に、データを入力するためのフレームを作成します。具体的にはExcelの「データ」シートでデータを入力するとき、先頭行にタイトル（見出し行）を用意することです。なお、見出し行は以下のように用意します。

　　6行目：質問の項目名
　　7行目：複数選択項目における選択肢番号

第2部　実践編

[Excelシート画像: 項目名 No, F1, F2, Q1, Q2, Q3, Q4, Q5, Q6, Q7((1)(2)(3)(4)), Q8, Q9 の6行目と、エラーのカラーコード説明（明るい赤：データの値が定義範囲を外れている、明るい緑：不要なデータが入力されている、明るい黄：回答数が上限を超えている）、「メニューに戻る」ボタン]

マクロを使用せずにこのデータフレームをご自身で作成する場合には、

- 6行目の項目名は、「定義」シートと「データ」シートで完全に一致させる
- 複数選択項目がある場合には、その選択肢番号を7行目に定義する

必要があります。

特に項目名の完全一致については、たとえば、

　　「定義」シート　　　　　　　Ｑ１（全角）
　　「データ」シートのタイトル　　Q1（半角）

では、英数字の全角と半角は区別されますので、データを見つけ出すことができず、エラーとなってしまいます。

こうしたわずらわしさを避けるために、マクロの機能として「データフレーム作成」があります。これを選択すると、「データ」シートの先頭行に上述のタイトル行を作ることができます。

このデータフレームを作成するには、メニュー画面で「データフレームの作成」をクリックします。

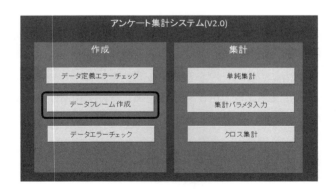

102

なお、このデータフレーム作成に先立って、「データ定義」を完成させておく必要があります。また、データ定義を修正した場合には、そのつど、「データフレーム作成」も実行し直す必要があります。ただし、「データ」シートにデータが入力されている場合には、これを実行すると、それまでに入力されているデータが消去されてしまうので、注意してください。

(3) サンプル No の入力

「データ」シートが作成できたら、ここにデータを入力することになります。最初は、調査票にナンバリングした番号を A 列の「No」に入力します。ナンバリングでの付番が連続番号であれば、最初のサンプル No のみ入力すれば、オートフィルによって、すべての標本に対応したサンプル No を入力することができます。

このサンプル No は後続するエラーが検出された場合に、コンピュータ上のデータと原票を対応させる唯一の架け橋となります。

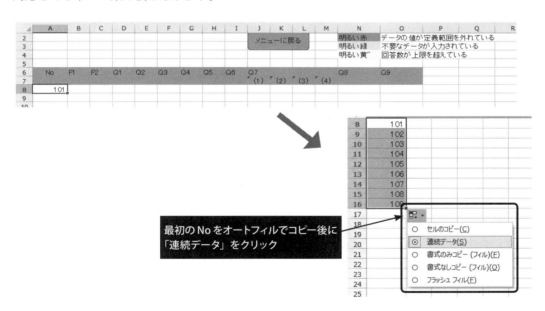

(4) 択一項目、評定項目のデータ入力

これらは、質問票にある回答をそのまま、入力します。もし、回答がない場合にはヌル（何も入力せずに、セルの中にデータが存在していないまま）としておきます。このサンプルの回答は集計の対象外となります。

(5) 計量項目のデータ入力

　これも質問票に記載された回答をそのまま入力しますが、もし、指定した単位が使われていない場合には、変換後の値を入力します。たとえば、「時間」単位で運動時間を聞いている質問に、「分」単位の回答があれば、時間に変換して入力します。

　　　30分　　　→　　0.5時間
　　　500cc　　→　　0.5リットル

　また、この項目も回答がない場合にはヌル（セルの中にデータが存在していないまま）としておきます。このサンプルの回答は集計の対象外となります。

(6) 複数選択項目のデータ入力

　複数選択項目の場合には、選択肢の数だけ、セル（列）を用意してありますから、選択されている選択肢に対応するセルに「1」を入力し、選択されていない選択肢は「0」またはヌルのままとしておきます。

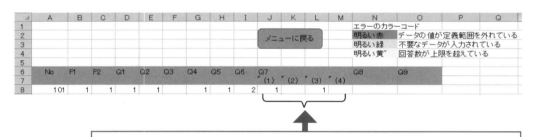

5.3 エラーチェック

データ入力が完了したら、まずエラーチェックをしてみましょう。

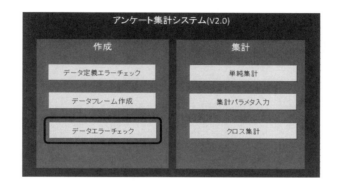

ここでは目視チェックで見逃されるような以下のエラーも検出されてきます。これもデータを入力した後、一度だけ実行するのではなく、データを修正したり、追加するつど、何度でも実行する必要があります。

5.3.1 範囲エラー

範囲エラーとは、"明るい赤"で塗りつぶされる、回答データが許容されるデータ範囲から外れているエラーのことです。

(1) 択一項目、評定項目の場合

これらの質問項目では選択肢数が定義されていますので、その回答は、

　　1～選択肢数または、何も入力されていないヌル値

でなければなりません。それ以外の回答が入力されている場合に範囲エラーが検出されます。

第2部　実践編

（2）複数選択項目の場合

これは、

　　１：対応する選択肢が選択されている

　　０またはヌル値：対応する選択肢は選択されていない

ことになり、上記以外の回答が入力されている場合に範囲エラーとなります。

（3）計量項目の場合

　この項目は特に指定がなければ、範囲エラーとなることはありません。ただし、データ定義で最小値や最大値が指定されている場合には、その最小値から最大値の範囲外の回答が範囲エラーとなります。

5.3.2　条件エラー

　これは "明るい緑" で塗りつぶされる、あってはならない回答データが入力されているエラーのことです。このエラーは一つの質問項目としてはエラーがなくても、質問項目間の関係によって検出されます。

Q1　あなたは喫煙経験がありますか？
　　①現在も吸っている　　②止めた　　③吸ったことはない

Q2　Q1で①と回答した人に伺います。一日当たりどのくらいお吸いですか
　　①一箱未満　　②一箱以上２箱未満　　③２箱以上

Q3　Q1で②と回答した人に伺います。止めてからどのくらい経ちますか
　　①１年未満　　②１年以上５年未満　　③５年以上

Q4　Q1で③と回答した人に伺います。それはなぜですか
　　①機会がなかった　　②匂いが嫌いだった　　③健康上の理由

たとえば、上記のデータ定義において、以下のデータがエラーとして検出されることになります。

- Q1 で②または③と回答しているのに、Q2 に回答している
- Q1 で①または③と回答しているのに、Q3 に回答している
- Q1 で①または②と回答しているのに、Q4 に回答している

5.3.3 回答数エラー

これは、"明るい黄"で塗りつぶされる、回答数の上限を制限した複数選択項目の回答数がその上限を超えた場合のエラーです。

たとえば、以下の複数選択項目では、その回答を2つ以下に制限しています。

● 複数選択項目の例

Q7 あなたが日頃、行っている運動を次の中から選んでください。あてはまるものを2つまでお答えください。

　①ストレッチ　　②ウォーキング　　③ジョギング　　④ランニング

この質問の回答が3つも、4つも選択されている場合のエラーです。

以上のエラーが検出された場合には、原票にさかのぼって修正しなければなりません。

5.4 回収サンプルの確認

データ入力を済ませ、エラーがないことが確認できたら、まず、どのような回答データが回収できたのか確認します。アンケート集計システムを使用した場合は、「単純集計」を行います。

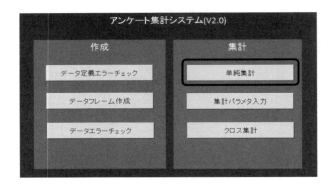

すると、以下のように定義されているすべての質問項目についての回答を集計することができます。

	F1						
	性別	男	女	小計			
		66	34	100			
		66%	34%	100%			
	F2						
	年齢	20未満	20代	30代	40代	50以上	小計
		9	38	23	20	8	98
		9%	39%	23%	20%	8%	100%

ここでは、回答者の属性すなわちフェイスシート項目から計画したとおりのサンプルが回収されているか、入念に確認します。もし、不足するサンプルが残されている場合には、追加調査を検討しなければならないためです。

第6章

集計と分析

　実施したアンケート調査によって回収したデータからどんな結論を導き出せるのか？　そのための集計・分析について見てみましょう。ところで、アンケート調査で取り扱うデータは以下の2つに大別されます。

①カテゴリーデータ

　カテゴリー（category）とは、部門、部類、範疇のことで、ここでいうカテゴリーとは、あらかじめ用意されている選択肢、グループのことです。たとえば、性別の「男性」「女性」、携帯の所持について「はい」「いいえ」などです。カテゴリーデータとは、選択された回答で、選択肢を表す、1, 2, …といった番号で表現されます。すなわち、アンケートでの回答は、そのカテゴリーを選択してもらうために、「①男性」「②女性」、「①はい」「②いいえ」のように選択肢に番号を割り振り、その番号で回答する形で表現されます。

②計量データ

　計量データとは、数値に限定した自由記述回答のことで、用意された選択肢から選ぶのではなく、値そのものによる回答データです。「あなたの一か月の通信費はいくらですか？」といった質問に対して、具体的に金額を回答してもらいます。

ここでは、これらのデータの集計や分析の方法について詳しく見てみましょう。

109

第2部　実践編

6.1　カテゴリーデータの集計・分析

このカテゴリーデータもさらに、質問に対する回答数から2つに分けることができます。

(1) 択一（Single Answer）項目

これは、用意した選択肢の中から一つだけを選択して回答する、以下のような質問です。

F1　あなたの性別をお知らせください
　　①男　　②女
F2　あなたの年齢をお知らせください
　　①20未満　　②20代　　③30代　　④40代　　⑤50以上

---

(2) 複数選択（Multi Answer）項目

これは、用意した選択肢の中から該当するものをいくつか、またはいくつでも選択する、以下のような質問です。

Q7　あなたが日頃、行っている運動を次の中から選んでください。あてはまるものをいくつでもお答えください。
　　①ストレッチ　　②ウォーキング　　③ジョギング　　④ランニング

6.1.1　カテゴリーデータの単純集計

こうしたカテゴリーデータでは、たとえば、選択肢①を選択した回答者が何人いたか、というように、回答数を度数として集計し、度数分布表として集計することが一般的です。

(1) 択一項目の場合

以下は国論を二分するような独立に関する意見を集計した結果です。択一項目の場合は、以下のように選択肢ごとの回答を度数（網掛け部分）として集計します。その下の行は小計に対

110

する構成比率で、ここでは賛成（51％）が反対（49％）をわずかに上回ったことを示しています。

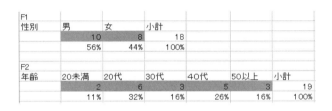

このように、択一項目の場合の構成比率の合計は100％となることが原則です。これが100％とならない場合は、切り捨てや丸めなどの誤差によるものです。

また、各選択肢の回答の合計（ここでは小計）は標本（サンプル）数と一致します。ただし、回答に未回答または範囲エラー（賛成、反対以外の意見）などが含まれている場合には一致しないことになります。以下は標本数が20の単純集計結果で、「性別」では2名、「年齢」では1名が何らかの理由によって集計対象から除外されている様子を示しています。

(2) 複数選択項目の場合

複数選択項目の場合も、選択肢ごとの度数（網掛け部分）を集計する点では択一項目と同じです。たとえば下図では、全回答者（20名）のうち、7名が「ストレッチ」を選択しているので、その構成比率が35％に上ることを示しています。ただし、択一項目と異なるのは、各選択肢の構成比率の合計（35+55+15+10）が100％を超えることもある点です。

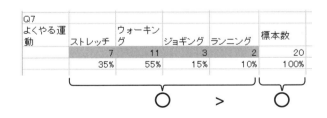

ただし、下図のように各選択肢の構成比率の合計（14+17+8+2）が100％に満たない場合もあり得ます。それは、一人の回答者がどれだけ選択肢を選択したかによるためです。

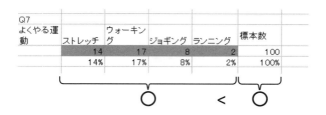

6.1.2 カテゴリーデータのクロス集計

クロス集計では、単純集計の内部構造をさらに詳細に分析します。たとえば以下のように、国論を二分する国民投票の内訳を年代別に分析することができます。

ここでは反対より賛成の方がわずかに多いという最終結果だけではなく、年代によってどのように意見が二分されているのか、その詳細が確認できます。

このようにクロス集計では、質問A×質問Bというように2つの質問のカテゴリーデータから、その度数を集計するもので、単純集計では表現できない内部構造を明らかにするものです。

たとえば質問AでA₁と回答した人が、質問Bではどのように回答しているか集計することによって、2つの質問の関係を明らかにします。

ここで各セル N_{ij} は、質問Aでiと回答した人のうち、質問Bでjと回答した回答者数（度数）を示しています。また、N_i を横計といい、質問Aの単純集計を示し、N_j を縦計といい、質問Bの単純集計を、N は総合計（標本数）を示すことになります。

質問A＼質問B	(1)	(2)	(3)	計
(1)	N_{11}	N_{12}	N_{13}	$N_{1.}$
(2)	N_{21}	N_{22}	N_{23}	$N_{2.}$
計	$N_{.1}$	$N_{.2}$	$N_{.3}$	N

各セルの N_{ij} を度数ではなく、以下の３つの比率で表すこともできます。

● 横計に対する比率

● 縦計に対する比率

● 総合計（N）に対する比率

なお、クロスさせる２つの質問項目は以下のように表現される場合があります。

	集計	Excel のピボットテーブル	因果関係
質問A	表側項目（分類項目）	行フィールド	原因変数
質問B	表頭項目（集計項目）	列フィールド	結果変数

具体的なクロス集計の例を見てみましょう。

性別年齢		F2 20未満	年齢 20代	30代	40代	50以上	小計	検定
F1	男	0	5	2	1	2	10	
性別		0%	50%	20%	10%	20%	100%	
	女	1	2	4	3	0	10	
		10%	20%	40%	30%	0%	100%	
	小計	1	7	6	4	2	20	
		5%	35%	30%	20%	10%	100%	

こうしたクロス集計は、以下のような場面で利用されます。

（1）エラーチェック

単純集計では、検出できない論理的な矛盾を、クロス集計によって検出できる場合があります。たとえば、

Q1　あなたの年齢は？
　　　① 20才未満　　…

Q2　あなたの喫煙量は？
　　　①一箱以上　　…

113

第2部　実践編

という質問で、どちらも①という回答があったとすれば、

　　20才未満で、一箱以上の喫煙をしている人

というデータが存在していることを示しています。つまり、何らかのエラーが混入していることを示していますから、原票を確認する必要があります。単純集計ではこのようなデータ間の関係上の矛盾を明らかにすることはできませんが、クロス集計では期待できるというわけです。

（2）無回答

　前述の表で、横計（N_i）は質問 A の単純集計を、縦計（N_j）は質問 B の単純集計の結果と同じ値を示し、総合計（N）はサンプル数を示すと記しましたが、そのためには、質問 A にも質問 B にも無回答データがないという条件が必要です。たとえば、20 名の回答者のうち、性別で 2 名が未回答であれば、その単純集計は以下のようになります。

F1 性別	男	女	小計
	10	8	18
	56%	44%	100%

　また、年齢で 1 名の未回答が含まれているときの単純集計は以下のとおりです。

F2 年齢	20未満	20代	30代	40代	50以上	小計
	2	6	3	5	3	19
	11%	32%	16%	26%	16%	100%

　この 20 名について、性別×年齢のクロス集計では、以下のようになったとします。これはどういうことでしょうか。

性別年齢		F2 20未満	年齢 20代	30代	40代	50以上	小計	検定	
F1 性別	男	0	5	2	1	2	10		
		0%	50%	20%	10%	20%	100%		
	女	1	1	3	2	0	7		
		14%	14%	43%	29%	0%	100%		
	小計	1	6	5	3	2	17		
		6%	35%	29%	18%	12%	100%		

　すなわち、もし性別と年齢の未回答が同一人物であれば、そのクロス集計も 18 名となりますが、それぞれ異なる回答者であれば、結果的に 3 名が除かれ 17 名となることを示しています。

114

第6章　集計と分析

6.1　カテゴリーデータの集計・分析

このように、総合計（N）は 2 つの質問に回答した有効回答数で、必ずしも、質問 A、質問 B の単純集計の結果と一致しない場合があります。もし、極端に有効回答数の少ないクロス集計表がある場合には、無回答の要因を検討する必要があるでしょう。

（3）独立性

2 つの質問項目に、何らの関係も認められないとき、2 つの質問項目は独立している、といいます。

たとえば、以下は大人と子供がサイコロを 30 回ずつ振って出た目を集計したものです。

目＼人	(1)	(2)	(3)	(4)	(5)	(6)	計
大人	5	5	5	5	4	6	30
子供	5	5	4	6	5	5	30
計	10	10	9	11	9	11	60

このように、大人がふっても子供がふっても出るサイコロの目は変わらない、すなわち、サイコロをふる「人」によって結果がほとんど変わらないとき、「ふる人」と「サイコロの目」は独立している、つまり何の関係もないというわけです。

（4）関連性

クロス集計の目的の一つは、表側に指定した説明変数と、表頭に指定した目的変数に何らかの関連があることを示すことです。ここで、関連とは、説明変数が変われば目的変数も変わるといことです。

たとえば、先の独立に関する国民投票のように、反対より賛成の方がわずかに多いという最終結果だけではなく、年代が若いほど「賛成」が多く、高齢者ほど「反対」が多いことが確認できます。つまり、年代によって結論が変わる傾向が読み取れるというわけです。

もう一つ例を見てみましょう。たとえば以下は、学生の性別と、昼食の関連を調べたクロス集計です。

昼食＼性別	弁当持参	学食買い弁	計
男性	5	45	50
女性	15	15	30
計	20	60	80

115

第2部　実践編

男性の「弁当持参」は 5/50=10％に対して、女性の「弁当持参」は 15/30=50％と、女子学生の方が「弁当持参」派が多いという関係にあることが伺えます。

（5）因果関係

先の男子と女子学生の弁当持参の違いから、性別が弁当持参の原因としてもいいでしょうか。女子は男子の 10 倍も弁当を持参していることは事実ですが、だから、原因とみなせるでしょうか。たとえば、

親の年収
学生の可処分小遣い
両親（特に母親）の就労

など、他の原因が考えられないか、慎重に見極める必要があるでしょう。

ただし、一般的には、以下のように、表側項目に指定した原因変数によって、表頭項目に指定した結果変数が変化するとき、因果関係として扱うこともできます。

年齢＼健康上の不安	ある	ない	計
30 歳未満	20	78	98
40 歳未満	37	88	125
50 歳未満	25	38	63
60 歳未満	27	20	47
60 歳以上	21	9	30
計	130	233	363

なお、実数では、はっきりしませんが、横計に対する比率にすると、傾向がより把握しやすくなります。

年齢＼健康上の不安	ある	ない	計
30 歳未満	20%	80%	98
40 歳未満	30%	70%	125
50 歳未満	40%	60%	63
60 歳未満	57%	43%	47
60 歳以上	70%	30%	30
計	126	237	363

(6) 複数選択項目のクロス集計

これまでの択一項目のクロス集計と複数選択項目のクロス集計の大きな違いは、たとえば質問 A で A_1 と回答した人が、質問 B ではどのように回答しているかを集計するとき、

　　　各セルの N_{ij}

は、質問 A で i と回答した人のうち、質問 B の回答が複数ある、N_{ij} の j が複数あるという点です。したがって、その横計 N_i は回答者の合計を超える、すなわち、横比の合計は 100 を超える可能性があるという点です。

質問B／質問A	(1)	(2)	(3)	計
(1)	N_{11}	N_{12}	N_{13}	$N_{1.}$
(2)	N_{21}	N_{22}	N_{23}	$N_{2.}$
計	$N_{.1}$	$N_{.2}$	$N_{.3}$	N

以下は、表頭項目に複数選択項目を指定した例です。

性別日常運動		Q7	よくやる運動				
		ストレッチ	ウォーキング	ジョギング	ランニング	標本数	
F1	男	5	4	2	4	10	
性別		50%	40%	20%	40%	100%	
	女	3	7	3	2	10	
		30%	70%	30%	20%	100%	
	小計	8	11	5	6	20	
		40%	55%	25%	30%	100%	
	検定						

なお、アンケート集計システムにおけるクロス集計では、表頭項目にのみ複数選択項目を指定することができます。詳しくは第 4 章を参照ください。

6.1.3 カテゴリーデータの検定

検定に用いられる統計処理には、さまざまな方法がありますが、ここでは、クロス集計の独立性の検定について詳しく見てみましょう。他の推定や検定などの分析手法については、それぞれの専門書を参照してください。

第2部　実践編

（1）カイ2乗検定とは

アンケート集計システムにおけるクロス集計の、選択肢の独立性に関する検定には、χ^2（カイ二乗）検定を用いています。ここでは、そのχ^2（カイ二乗）検定について詳しく見てみましょう。その流れは以下のようになります。

対立仮説の設定	対立仮説とは検証したい仮説のことで、ここでは「表側と表頭の選択には何らかの関係がある」という仮説を設定します。
帰無仮説の設定	一方が起これば他方は決して起こることのない、すなわち対立仮説と排反する仮説で、ここでは「表側と表頭の選択は独立で、何らかの関係があるとはいえない」という仮説を設定することになります。
検定統計量の計算	検定統計量とは、仮説と実際（調査結果）との距離を確率という物差しで測り、表したもので、p値（ピーチ）ともいいます。
検定	p値は（表側項目の選択肢数 -1）×（表頭項目の選択肢数 -1）から得られる自由度のカイ二乗分布に従うので、基準値に対応したカイ二乗値と先に計算したp値とを比較することで検定を行います。
有意水準	本来ならば帰無仮説は絶対に起こらない（0%）ことを期待したいところですが、「絶対」という水準はあまりにも厳しすぎるので、一般的には5%あるいは1%よりも小さい場合は、「起こり得ない（ほど小さい）」として、帰無仮説が棄却できると判断します。この検定に用いる判断基準を有意水準といい、実用的には5%あるいは1%のどちらかが用いられます。

（2）択一項目の場合

まず、具体例を見てみましょう。たとえば、

Q1　あなたの性別は？
　　　①男　　②女
Q2　あなたは日頃、昼食をどのようにとっていますか？
　　　①ほとんど持参（弁当）
　　　②たまには持参（弁当・外食）
　　　③ほとんど外食

という質問回答についてのクロス集計（Q1 × Q2）を3校で実施し、その回答を以下のように3つのクロス集計をしました。

118

学校	性別	持参	たまに持参	外食	列計
A	男	10	20	40	70
A	女	20	8	2	30
A	行計	30	28	42	100
B	男	30	22	18	70
B	女	20	8	2	30
B	行計	50	30	20	100
C	男	25	23	22	70
C	女	11	9	10	30
C	行計	36	32	32	100

少々、分かりにくいのでグラフにすると、以下のように、

A校では、男のほとんどは外食、女のほとんどは弁当を持参しており、
B校では、男女ともに、弁当持参が多く、
C校では、男女ともに、ほぼ同じ比率で、弁当持参と外食が分布している

ことが確認できます。

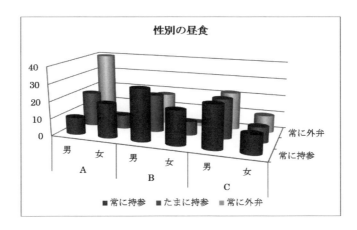

そこで、この3校のクロス集計結果について、検定統計量（カイ二乗値）を計算すると以下のようになります。

第2部　実践編

学校	カイ二乗値
A校	31.97
B校	6.35
C校	0.08

　この値は（表側項目の選択肢数 −1）×（表頭項目の選択肢数 −1）から得られる自由度（ここでは、1 × 2）のカイ二乗分布に従うので、それぞれ、上側確率 1％、5％に対応したカイ二乗値（上側 1 パーセント点、上側 5 パーセント点という）と比較することで検定を行います。以下がその結果です。

学校	検定統計量として計算したカイ二乗値	上側確率に対応したカイ二乗値		検定結果	本システムにおける表示
		5%	1%		
A校	31.97	5.99	9.21	カイ二乗値が 1％点を上回っているので、有意水準 1％で、帰無仮説が棄却できる。 すなわち、弁当は性別に何らかの関係があるといえる。	**
B校	6.35	5.99	9.21	カイ二乗値が 5％点よりも大きいので、有意水準 5％で、帰無仮説が棄却できる。 すなわち、弁当は性別に何らかの関係があるといえる。	*
C校	0.08	5.99	9.21	カイ二乗値が 5％点よりも小さく、有意水準 5％でも、帰無仮説は棄却できない。 すなわち、弁当と性別は独立であり、関係があるとはいえない。	空白

（3）複数選択項目の場合

　この場合は選択肢ごとに、選択、非選択の 2 つの回答に分解して、検定を行う以外は、これまでの方法と同じです。

　やはり、具体例を見てみましょう。

Q1　あなたの性別は？
　　①男
　　②女

Q2　まとまった休暇（たとえば一週間）があったら、あなたはどのように使いたいですか？（い

120

くつでも）

　　　①旅行

　　　②勉強、習いごと、読書

　　　③仕事の整理

　　　④家の片付け、清掃

　　　⑤庭木の手入れ、ガーデニング

　　　⑥スポーツ、練習を含む

　　　⑦映画、演劇などの鑑賞

という質問回答についてのクロス集計（Q1 × Q2）が以下のように得られたとします。

性別	①旅行	②勉強	③仕事の整理	④家の片付け	⑤ガーデニング	⑥スポーツ	⑦映画鑑賞	列計
男	32	5	13	8	10	14	18	70
女	16	3	1	12	6	9	16	30
行計	48	8	14	20	16	23	34	100

　　上記実数の列計に対する比率はとおりです。

性別	①旅行	②勉強	③仕事の整理	④家の片付け	⑤ガーデニング	⑥スポーツ	⑦映画鑑賞	列計
男	45.7%	7.1%	18.6%	11.4%	14.3%	20.0%	25.7%	100.0%
女	53.3%	10.0%	3.3%	40.0%	20.0%	30.0%	53.3%	100.0%
行計	48.0%	8.0%	14.0%	20.0%	16.0%	23.0%	34.0%	100.0%

　　MA 項目のカイ二乗検定では、その選択肢ごとに、

　　　非選択度数 ＝ 列計 − 選択度数

によって計算します。たとえば、「①旅行」であれば、以下のクロス表となります。

性別	選択	非選択	列計
男	32	70−32＝38	70
女	16	30−16＝14	30
行計	48	100−48＝52	100

　　このように MA 項目の全選択肢について、選択肢ごとに検定統計量（カイ二乗値）を計算します。

①旅行	②勉強	③仕事の整理	④家の片付け	⑤ガーデニング	⑥スポーツ	⑦映画鑑賞
0.49	0.23	4.05	10.71	0.51	1.19	7.14

先の SA 項目の場合と同じように、上側確率に対応したカイ二乗値を、（表側項目の選択肢数 −1）×（表頭項目の選択肢数 −1）から得られる自由度（ここでは、1 × 1）によって求め、先に計算した検定統計量と比較することで、以下のように検定を行います。

MA 項目の選択肢	検定統計量	上側確率に対応したカイ二乗値		検定結果	本システムの表示
		5%	1%		
①旅行	0.49	3.84	6.63	カイ二乗値が 5%点より小さく、有意水準 5%でも、帰無仮説が棄却できない。すなわち、旅行の選択は性別とは独立であり、何らかの関係があるとはいえない。	
②勉強、習いごと、読書	0.23	3.84	6.631	カイ二乗値が 5%点よりも小さく、有意水準 5%でも、帰無仮説が棄却できない。すなわち、勉強や習い事の選択は性別とは独立であり、何らかの関係があるとはいえない。	
③仕事の整理	4.05	3.84	6.63	カイ二乗値が 5%点よりも大きく、有意水準 5%で、帰無仮説が棄却できる。すなわち、仕事の整理の選択は性別に何らかの関係があるといえる。	*
④家の片付け、清掃	10.71	3.84	6.63	カイ二乗値が 1%点を上回っているので、有意水準 1%で、帰無仮説が棄却できる。すなわち、家の後片付け、清掃の選択は性別に何らかの関係があるといえる。	**
⑤庭木の手入れ、ガーデニング	0.51	3.84	6.63	カイ二乗値が 5%点より小さく、有意水準 5%でも、帰無仮説が棄却できない。すなわち、庭木の手入れ、ガーデニングの選択は性別とは独立であり、何らかの関係があるとはいえない。	
⑥スポーツ、練習を含む	1.19	3.84	6.63	カイ二乗値が 5%点より小さく、有意水準 5%でも、帰無仮説が棄却できない。すなわち、スポーツの選択は性別とは独立であり、何らかの関係があるとはいえない。	
⑦映画、演劇などの鑑賞	7.14	3.84	6.63	カイ二乗値が 1%点を上回っているので、有意水準 1%で、帰無仮説が棄却できる。すなわち、映画鑑賞は性別に何らかの関係があるといえる。	**

第6章　集計と分析
6.2　計量データの集計と分析

6.2　計量データの集計と分析

計量データとは、以下のような質問に対する回答です。

Q1　あなたの睡眠時間はおよそどのくらいですか？
　　　[　　　]時間
Q2　あなたの通勤時間はおよそどのくらいですか？
　　　[　　　]時間　　[　　　]分

したがって、カテゴリーデータのように、度数を集計してもほとんど意味はありません。ここではこうした計量データの集計、分析方法について見てみましょう。

6.2.1　要約統計量

こうした計量データには、以下のような要約統計量が利用されます。要約統計量とは、実際のデータがいくつあっても、そのデータの特徴を端的に表す値で、代表値ともいわれます。

ここでは、以下のデータを用いて詳しく見てみましょう。これは、ある会社の営業所別・担当者ごとの販売実績で、単位は特に重要ではありませんが、百万円単位です。

No	A営業所	B営業所	C営業所
1	93	145	134
2	89	128	115
3	149	231	239
4	116	194	182
5	143	223	212
6	153	231	265
7	167	247	273
8	152	233	244
9	153	225	259
10	134	216	201
11	88	115	102
12	98	177	168

123

第2部　実践編

No	A営業所	B営業所	C営業所
13	126	204	196
14	121	197	188
15	143	225	228
16	112	185	173
17	96	169	156
18	1548	257	278
19	139	219	207

(1) 平均値

平均値とは、データの合計をデータ件数で割った指標で、要約統計量の代表格です。

$$平均 = \frac{\sum_{i=1}^{n} X_i}{n}$$

先の販売実績について平均値を計算すると、3営業所ともに同じ値となります。

	A営業所	B営業所	C営業所
平均値	201.1	201.1	201.1

しかし、よく見ると、A営業所ではNo18の営業担当が驚異的な売上実績を記録した結果であることが分かります。もし、A営業所にNo18がいなければ、その平均は、

　　201.1百万円　→　126.2百万円

に落ち込みます。つまり、A営業では、一人あたり201百万円ではなく、126百万円を売り上げているといった方がより実態を表現していることになります。

このように平均値は、簡単に計算できる一方で、極端に大きな値や小さな値などの異常値（何らかの原因による外れ値）の影響を受けやすいという面を持っています。

(2) 中央値

中央値とは、データを小さい順または大きな順に並べたときに、中央に位置する値で、データの個数が奇数の場合と偶数の場合で求め方が異なります。

なお、Excel では、この中央値を MEDIAN 関数によって簡単に求めることができます。では、先の販売実績について、中央値を求めてみましょう。なお、A 営業所では No18 を含む場合と、含まない場合について求めていますが、ほとんど影響を受けていません。

	A 営業所		B 営業所	C 営業所
	No18 含む	No18 除く		
中央値	134	130	216	201

平均値が、極端に大きい、または小さい異常値の影響を受けやすいのに対し、この中央値はそうした影響を受けにくく、安定しています。

(3) 最頻値

最頻値とは最も多く出現する値のことで、分布の山が一つのとき、その頂点に対応する値のことです。中央値と同様に、異常値（何らかの原因による外れ値）の影響を受けにくく、抵抗性に優れています。

なお、Excel では最頻値を MODE 関数によって求めることができます。では、先の販売実績について、最頻値を求めてみましょう。

	A 営業所		B 営業所	C 営業所
	No18 含む	No18 除く		
最頻値	143	143	225	―

最頻値も異常値に対する抵抗性に優れている一方で、分布の山が2つ以上ある場合や、山がなく平坦な場合には求めることができません。なお、C 営業所の場合には同じ値（重なる販売実績）がないために最頻値が定義できないというわけです。このようにデータ件数が少ない場合も不向きといえるでしょう。

（4）分散

　分布の広がり程度を示す要約統計量を散布度といい、その代表的な指標がこの分散です。個々のデータとその平均との差を偏差といいます。この偏差は合計すると、プラス、マイナスが均衡してゼロとなってしまうので、偏差を二乗した値の平均を分散といい、分布の広がりを示す最も基本的な指標として用いられます

$$\text{分散} = \frac{\sum_{i=1}^{n}\left(X_i - \bar{X}\right)^2}{n}$$

　なお、特定の標本から母集団の分散を推定する場合には、上式ではなく、下式を用います。そこで、上式を標本分散、下式を不偏分散といいます。

$$\text{不変分散} = \frac{\sum_{i=1}^{n}\left(X_i - \bar{X}\right)^2}{n-1}$$

　また、Excel 関数では以下のように使い分ける必要があります。

　　標本分散　　　VAR.P 関数
　　不偏分散　　　VAR.S 関数

先の販売実績について、2 つの分散を計算すると、以下のとおりです。

分散	A 営業所		B 営業所	C 営業所
	No18 含む	No18 除く		
標本分散	101374.8	614.5	1476.4	2573.2
不偏分散	107006.7	650.7	1558.4	2716.2

　不偏分散の方が標本分散よりも大きくなるのは、1 小さい分母で割っているためです。いずれにしても、値が大きすぎるというよりは、偏差を二乗しているためにイメージがつかみにくい値になっています。

（5）標準偏差

　上記のように分散は偏差が二乗されているので感覚的に解釈しにくいために、分散の平方根を取ることにより、元の単位に戻したものが標準偏差です。解釈が容易となり、散布度を表す

指標として最も広く利用されています。

$$標本標準偏差 = \sqrt{\frac{\sum_{i=1}^{n}\left(X_i - \bar{X}\right)^2}{n}}$$

また、Excel 関数では以下のように使い分ける必要があります。

標本分散の平方根　　STDEV.P 関数

不偏分散の平方根　　STDEV.S 関数

先の販売実績についての標準偏差は以下のとおりです。

標準偏差	A 営業所		B 営業所	C 営業所
	No18 含む	No18 除く		
標本分散による	318.4	24.8	38.4	50.7
不偏分散による	327.1	25.5	39.5	52.1

　このように、分散よりもイメージしやすい値となっています。ただし、この標準偏差に絶対的な基準はありませんから、あくまで相対的に、2つの標準偏差を比べて評価します。たとえば、B営業所よりもC営業所の方が広い分布、すなわち、ばらつきが大きいことが確認できるというわけです。

(6) 範囲

　範囲とは最大値と最小値の差のことで、手軽に利用することができます。しかし、データの中に、極端に大きい、または小さい異常値（何らかの原因による外れ値）の影響を受けやすく、安定性に問題を抱えています。以下は先の販売実績について求めた範囲です。

	A 営業所		B 営業所	C 営業所
	No18 含む	No18 除く		
範囲	1460	79	142	176

(7) 四分位数

　四分位とは、データを小さい順または大きな順に並べたときに4等分した位置にある値のことで、4等分したデータを以下の3つの境界値によって洗い出す方法です。データを小さい順に並べたときに、

- 第2四分位数　　データ全体の中央値
- 第1四分位数　　中央値よりも小さい前半部分の中央値（第2四分位数を除く）
- 第3四分位数　　中央値よりも大きい後半部分の中央値（第2四分位数を除く）

によって、分布の広がりを表す方法です。

- **対象データ件数が奇数の場合**

    この場合には、中央に位置するデータをそのまま抽出します。

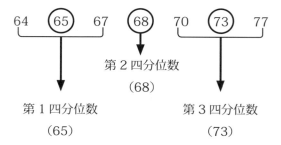

- **対象データ件数が偶数の場合**

    この場合には、中央に位置するデータが2つあることになり、その平均を求めます。

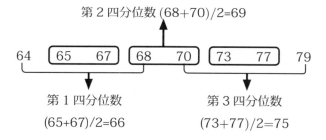

　以下は先の販売実績についての四分位ですが、異常値に対する抵抗性に優れている一方で、分布の特徴が端的に表現されています。

四分位数	A営業所 No18含む	A営業所 No18除く	B営業所	C営業所
第1四分位	96	97	177	168
第2四分位	134	130	216	201
第3四分位	152	151	231	244

第6章　集計と分析
6.2　計量データの集計と分析

6.2.2 計量データのクロス集計

　なお、先のカテゴリーデータとのクロス集計にこの計量データを利用することもできます。たとえば以下は、性別の各カテゴリー（男女）ごとに何人いたか（度数）ではなく、通信費（計量データ）の平均を集計することによって、性別によって通信費がどう変化するかを調べることができるというわけです。

通信費(千円)	平均	小計	標本数
F1 性別	男	14.4	7
	女	17.3	4
	小計	15.5	11

　また以下は性別の各カテゴリーごと、伝言ダイアルの使用感の各カテゴリーごとに通信費（計量データ）の平均を求めています。このようにクロス集計に計量データを利用することによって、度数分布とは違った分析が可能となります。

通信費(千円)	平均	Q3	伝言ダイアルの 使用感想		小計	標本数
		期待以上	想定通り	期待未満		
F1 性別	男	15.5	12.0	15.0	14.4	7
	女	20.3		8.0	17.3	4
	小計	17.6	12.0	11.5	15.5	11

6.2.3 相関分析

　カテゴリーデータと計量データの関係ではなく、計量データ間の関係を把握するために相関係数が利用されます。

（1）相関関係と相関係数

　2つの計量データの関係は以下のように整理することができます。

- 一方が増えれば、他方も増える　　　　　　　　　　正の相関関係がある
- 一方が増えても、必ずしも他方が増えるとは限らない　相関関係はない
- 一方が増えれば、他方は減る　　　　　　　　　　　負の相関関係がある

129

このような相関関係を数値で表現したものが相関係数です。相関係数は 1 から −1 までの間の値として表現されます。±1 に近い値ほど、相関関係が強いことを、ゼロに近いほど相関関係が弱くなり、ゼロはまったく関連性のない無相関を示します。

いくつか例を見てみましょう。

● 正の相関関係

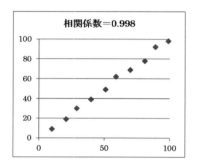
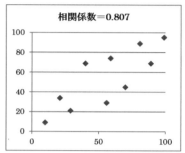

● 負の相関関係

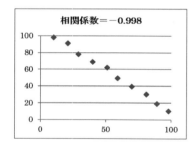
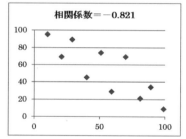

● 無相関

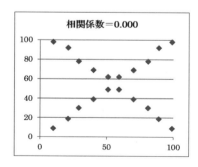

第6章　集計と分析

6.2　計量データの集計と分析

このように、相関係数を用いれば、グラフを用いて視覚的に表現しなくても、数値によって、2変量の関連を表すことができます。

(2) 相関係数の計算

相関係数も分散や標準偏差のように自分で計算することもできますが、Excel 関数では

CORREL 関数

によって求めることができます。

6.2.4 回帰分析

回帰分析とは、2変量に直線の方程式をあてはめることによって、その関係を表現するものです。突然ですが、皆さんは、身長から110を引いた残りから標準的な体重を求めることができることを聞いたことはありませんか？　この「身長から110を引いた残り」こそ、直線の方程式というわけです。

一般的に、直線は、

$$Y = aX + b$$

という方程式で表されます。そこで、この方程式に、

Y：体重
a：1
X：身長
b：-110

をあてはめれば、

$$Y（体重）= 1 \times X（身長）-110$$

という方程式として表現できるというわけです。

このように、2変量の関係を直線の方程式として表すのが、回帰分析です。

さらに、直線の方程式を予測に用いることもできます。たとえば、身長が170cmの人の体重を求めるのであれば、先の方程式の X（身長）に170を当てはめて、

131

Y（体重）$= 1 \times 170 - 110 = 60$

から、標準的には 60kg を予測します。

(1) 準備

では、こうした回帰分析を Excel で求める方法を見てみましょう。いま、身長と体重のデータが以下のようにあるものとします。

	A	B	C
1	No	身長	体重
2	1	165	54
3	2	172	61
4	3	170	60
5	4	176	65
6	5	167	57
7	6	168	57
8	7	157	48
9	8	165	54
10	9	168	59
11	10	178	67
12	11	167	58

なお、「データ」タブの「分析」に「データ分析」が表示されていない場合は、「ファイル」タブの「オプション」で表示される「Excel のオプション」ダイアログで「アドイン」にある「管理」の「Excel アドイン」を選択し、「設定」ボタンをクリックします。「アドイン」ダイアログで「有効なアドイン」のリストから、「分析ツール」と「分析ツール - VBA」にチェックを入れて「OK」ボタンをクリックします。

(2) 回帰分析

続いて、回帰分析を実行します。「データ」タブの「分析」にある「データ分析」をクリックします。表示される「データ分析」ダイアログで「回帰分析」を選択し、表示されるダイアログで、必要なパラメタを指定します。

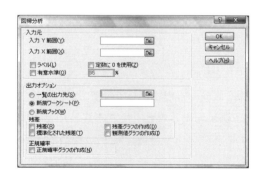

入力Y範囲（Y）	これは被説明変数、従属変数といい、結果を示す変数で、ここでは「体重」のデータ範囲（C1：C12）を指定します。 先頭行の列見出しラベルは範囲に含めなくても構いませんが、含めておいた方が結果が見やすくなります
入力X範囲（X）	これは説明変数、独立変数といい、原因を示す変数で、ここでも先頭ラベルを含め「身長」のデータ範囲（B1：B12）を指定します。
ラベル（L）	データ範囲の先頭にラベルを含まない場合は、このままで構いませんが、今回のようにデータ範囲にラベルを含む場合にチェックを入れます。
定数に0を使用（Z）	座標上の原点を通過する直線を求める場合にチェックを入れます。今回のように直線が原点を通過する必要がなければそのままにします。
出力オプション	結果をどこに出力するかを指定します。結果を表示させるための新しいブックやシートを作ることもできますが、同一シート上の余白に結果を表示させる場合には、「一覧の出力先（S）」にチェックをいれて、余白の先頭セル番地を指定します。

（3）結果の確認

以上の指定ができたら「OK」ボタンで実行すると、以下のような一覧が出力先に表示されます。この一覧で特に重要なのは以下の3点です。

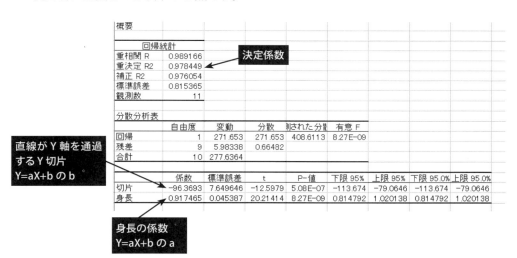

また、「重決定R2」として表示されている値は決定係数で、求めた直線の方程式がどの程度、元データの変動を説明できるかを示す指標です。

これは、Y（元データとしての被説明変数）とY'（得られた回帰直線によって計算した被説明変数）の相関係数を二乗したもので、この決定係数は0から1の間の値を取り、1に近づくほど、説明力のあることを示します。この例の決定係数は0.978449で、全データの97.8％の

変動が説明できる、逆に 2.2%はこの回帰モデルでは説明できない不規則な変動を含んでいることを示しています。

なお、この決定係数に絶対的な基準があるわけではありませんが、少なくとも、モデルで説明できる変動の方が、説明できない変動よりも多い、すなわち、決定係数が 0.5 より大きいことが望ましいといえます。

(4) 予測への活用

以上の分析結果から、

Y（体重）$= 0.917465 \times X$（身長）$- 96.3693$

という直線の方程式を得ることができ、身長と体重の 2 つの変数の関係を表すこの方程式を回帰モデルといいます。

6.3 グラフの活用

要約統計量がデータの特徴を端的に表す値、すなわち代表値とすれば、データの特徴を視覚的に表現するのがグラフです。

調査報告書の中でも広く利用されるのがグラフで、質問項目の選択肢の回答数（度数）や、VA（計量）項目の合計や平均値などを表すために用いられます。

グラフは、データとグラフの種類を指定すれば、自動的に描くことができますが、そのグラフが何を表現するのか、注意深く利用しなければなりません。

6.3.1 棒グラフ

棒グラフでは、質問項目の選択肢の度数を表現することができます。

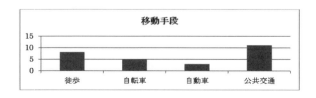

また、縦向きと横向きがありますが、機能としては変わらないものの、報告書のようなスペースを有効に活用したい場面では、横向きの方が使いやすいといえるでしょう。

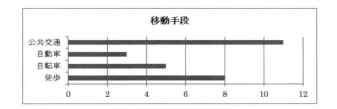

ただし、グラフは個々のデータの違いを表現するものですから、グラフに合計を含めることはありません。合計が個々のデータの違いを消滅してしまうためです。

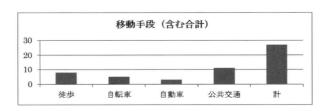

6.3.2 円グラフ

円グラフは、質問項目の選択肢の度数そのものではなく、その構成比率を表すために用いられます。たとえば、以下の移動手段では、「徒歩」による人が30％いたことを表し、何人いたのかを表すわけではありません。

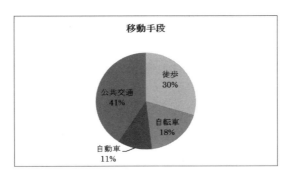

また、円グラフにおいても合計をグラフに含めることはありません。それはグラフを見にくくするだけで、合計がちょうど半分になることは自明で、意味がないからです。

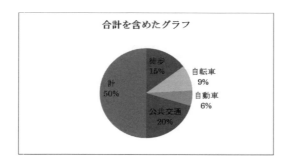

以上のように円グラフは構成比率を分かりやすく描くため、プレゼンテーションなどでもよく利用されます。ただし、占有スペースの割に情報量が少なく、報告書に収めるには不向きとされています。

6.3.3 帯グラフ

このグラフは、クロス集計の結果のように2次元データをグラフに描く際に利用されます。縦向き、横向きと方向が2種類あり、しかも、それぞれが実数と比率に分けられるので、全部で4通りに分類されます。その具体例を以下のデータを用いて見てみましょう。

	徒歩	自転車	自動車	公共交通	計
男性	16	10	6	22	54
女性	30	55	5	115	205
計	46	65	11	137	259

ここでも合計を含めないことはいうまでもありません。

まずは、実数を表す積み上げグラフの例です。質問項目の選択肢度数そのものを棒の長さで表します。

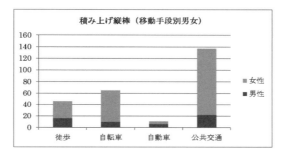

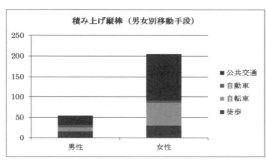

実数ではなく比率を表すのは100％積み上げ棒グラフです。

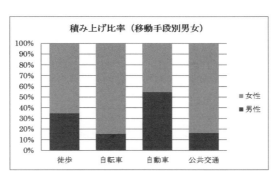

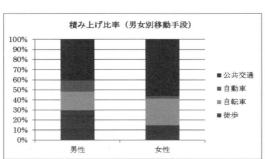

これらのグラフは属性や他の項目による違いなどを表現する場面でよく利用されます。また、報告書のように紙面に効率良く納める必要がある場面では、縦向きよりも横向きの方が適しているといえそうです。

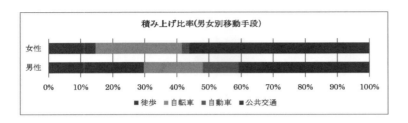

6.3.4 3D グラフ

このグラフも、クロス集計の結果のように2次元データをグラフに描く際に利用されます。先の例によって見てみましょう。

	徒歩	自転車	自動車	公共交通	計
男性	16	10	6	22	54
女性	30	55	5	115	205
計	46	65	11	137	259

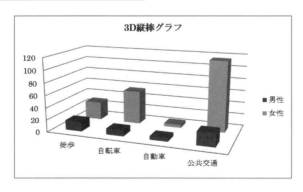

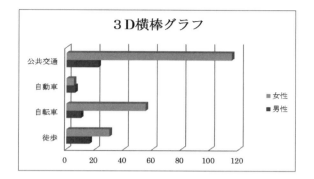

6.3.5 箱ひげグラフ

これは、いわゆる株価チャートですが、四分位データのばらつきなどを描くグラフとしても応用することができます。

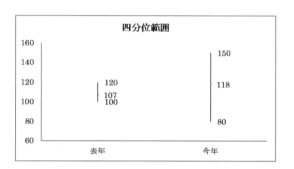

ただし、そのためには以下のような置き換えが必要となります。

　　高値　　第３四分位
　　安値　　第１四分位
　　終値　　第２四分位

6.3.6 散布図

２変量間の関係を視覚的に把握する方法に散布図があります。Excelでも簡単に散布図を描くことはできますが、いくつか留意点もあります。それはExcelが自動的にグラフを描くために、

手を加えなければ、意味あるグラフにならないという点です。

たとえば、以下のようなデータを指定して、散布図をデフォルトのままで描くと、解読不能な散布図が描かれてしまいます。

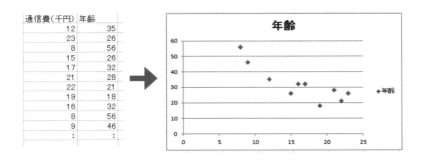

これでは、何が何だかさっぱり分かりませんので、以下のように補正する必要があります。

- グラフタイトル：「年齢と通信費の関係」に変更
- 系列Xの値：年齢のデータ範囲
- 系列Yの値：通信費のデータ範囲
- 凡例を削除
- 横軸ラベル「年齢」を追加
- 縦軸ラベル「通信費（千円）」を追加

すると、散布図は以下のように補正されることになります。

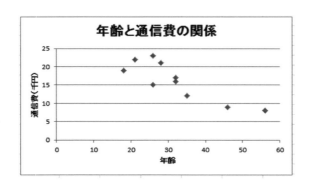

6.3.7 ヒストグラム

これはVA項目のような数値による回答から階級幅ごとの度数に変換し、その度数を棒グラフに表現したもので、階級幅の取り方によって、描かれるグラフが様変わりするので、注意する必要があります。

たとえば、以下の例は前項と同じデータによるヒストグラムですが、階級の取り方によって、グラフが歪む様子を示しています。こうした歪んだヒストグラムを、他のデータとの違いを強調するために利用することはありますが、そうでなければ、違和感が残ります。

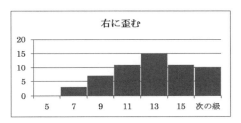
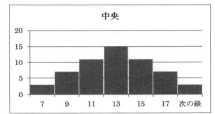
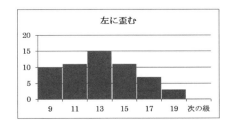

また、階級数の取り方にも、注意が必要です。階級数が少なすぎると情報が埋もれてしまうことになりますし、逆に多過ぎると歯抜けとなる階級が現れるために冗長なヒストグラムとなってしまいます。以下の例がその様子、すなわち、階級数の違いによって、グラフが様変わりする様子を示しています。

第2部　実践編

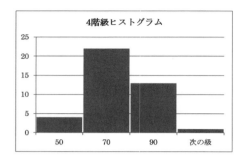
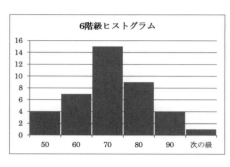
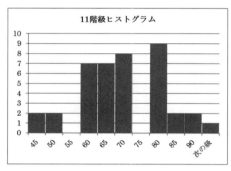
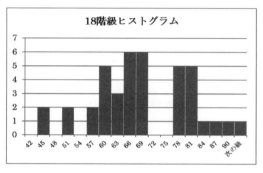

　こうした歯抜けヒストグラムも、他のデータとの違いを強調するために利用することはありますが、そうでなければ、違和感が残ります。
　そこで、一般的なヒストグラムの作り方を見てみましょう。

(1) データ範囲

　データの最大値－最小値から範囲を求めます。

(2) 階級数の決定

　データ範囲をいくつの階級に分割するか（階級数）を決めます。一般的には、奇数の方がきれいな釣鐘型のグラフが期待できるので推奨されていますが、偶数では許されないわけではありません。ただ、階級数があまりに少なすぎると情報が埋もれてしまうことになり、多すぎると度数のない階級、いわゆる歯抜けの階級が現れます。したがって、少なからず多すぎない、階級数を求める必要があります。
　階級数をいくつかにするかという目安にスタージェスの公式があります。これは、データ件数（N）から階級の数（K）を次式によって求める方法です。

$$K = 1 + \log_2 N$$

以下は具体的なデータ件数とスタージェスの公式によって、求めた階級数の例です。

データ件数（N）	4	9	16	25	36	49	64	81	100	121	144	169	196	225
階級数（K）	3	4	5	6	7	8	9	10	11	12	13	14	15	16

　先の 4 ～ 18 階級のヒストグラムを描いたデータの件数は 40 でしたので、スタージェスの公式によって、階級数を求めると 7 となります。ただし、データ件数が多くなるにつれ階級数も多くなるので、あくまで一つの目安として利用するとよいでしょう。

（3）階級の決定

　階級数が決まったら、各階級の境界値を決めます。各階級の階級幅はどの階級も同じでなければなりません。そこで単純に

　　　階級幅 ＝ 範囲 / 階級数

でも、よいのですが、端数が出る場合には、グラフを見やすくするため、四捨五入などの丸めによって、分かりやすく調整する必要があります。たとえば、

- データ数　　　40
- 最大値　　　　91
- 最小値　　　　43
- 範囲　　　　　48
- 階級数　　　　7

という場合には、

- 階級幅　　　　48/6=6.857

となり、これをもとに各階級の境界値を決めます。

階級	丸めない場合	まるめた場合（階級幅：7）
1	～ 49.857	～ 48
2	～ 56.714	～ 55
3	～ 63.571	～ 62
4	～ 70.428	～ 69

第2部　実践編

階級	丸めない場合	まるめた場合（階級幅：7）
5	〜77.285	〜76
6	〜84.142	〜83
7	84.143〜	83 超

　以上のように、階級幅を四捨五入などの丸め処理によって、各境界値を分かりやすくすることができます。ただし、丸め処理によって、データの分布と各階級の境界値がずれないように注意しなければなりません。具体的には、最初や最後の階級に該当するデータがなかったり、逆に、多くのデータが該当する場合には、はみ出すことになるので、歪んだヒストグラムとなってしまいます。そのためにも、最小値が最初の階級に収まるか、最大値が最後の階級に含まれていることを確認しておくとよいでしょう。

（4）階級ごとの度数

　各階級が決まったら、あとは Excel で集計することができます。そのためには、「データ」タブの「分析」にある「データ分析」の中から「ヒストグラム」を選択し、以下のダイアログで必要なパラメタを指定します。

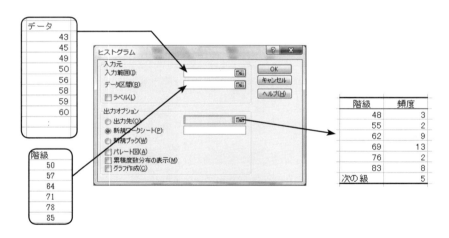

　「OK」ボタンをクリックすると、上図のように、パラメタとして指定した階級に、「次の階級」が自動的に追加されるので、階級数が一つ多くなる点に注意しましょう。

(5) グラフ描画

最後に、各階級ごとの頻度をグラフに描けば出来上がりです。

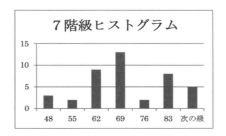

第7章

顧客満足分析

　ここでは、顧客満足（CS, Customer Satisfaction）分析について見てみましょう。これまでのカテゴリーデータの集計とは異なり、総合評価と、個々の評価要素の満足度から、優先的に改善すべき評価要素を、

- 改善の余地が大きい
- 総合評価との関連性が強い

という2つの条件によって抽出する分析方法で、Excelでも計算することができます。
　では、具体的に見てみましょう。

7.1　データの収集

　顧客満足分析を行うためには、以下のようなアンケート調査による回答データを収集する必要があります。

(1) 総合評価
　これは、調査対象に関する総合的な評価で、以下のような質問の回答です。

第2部　実践編

質問＼回答	1	2	3	4	5
総合評価	不満	やや不満	普通	やや満足	満足
再利用意欲	絶対に使わない	たぶん使わない	どちらともいえない	できれば使いたい	絶対に使う
推薦意欲	絶対に勧めない	たぶん勧めない	どちらともいえない	たぶん勧める	絶対に勧めたい

（2）個別評価要素

　総合評価を構成する、個々の評価要素に関する以下のような質問の回答データを収集します。ここでは、自動車の購入者を対象として、「購入した自動車」に関する質問を例に説明することにしましょう。

質問＼回答	たいへん不満	やや不満	どちらともいえない	やや満足	たいへん満足
①スタイルがよい	1	2	3	4	5
②燃費がよい	1	2	3	4	5
③俊敏に走る	1	2	3	4	5
④室内装備がよい	1	2	3	4	5
⑤物がたくさん積載できる	1	2	3	4	5
⑥静かに走る	1	2	3	4	5
⑦乗り心地がよい	1	2	3	4	5
⑧安全性に優れている	1	2	3	4	5
⑨運転しやすい	1	2	3	4	5

（3）データ入力とエラーチェック

　以上の質問の回答データを、アンケート集計システムに入力し、エラーチェックを済ませておきます。

	A	B	C	D	E	F	G	H	I	J	K
1	No	①スタイル	②燃費	③俊敏性	④室内装備	⑤荷物積載性	⑥静粛性	⑦乗り心地	⑧安全性	⑨操作性	総合評価
2	1	3	5	3	4	2	4	5	3	2	5
3	2	4	4	3	3	3	5	5	4	3	5
4	3	5	5	4	3	2	5	3	3	4	5
5	4	3	4	3	4	3	4	4	4	5	5
6	5	4	3	2	2	2	5	5	4	3	5

148

7.2 データの整理

ここでは、収集したデータから下図のような基本統計量を計算します。

	A	B	C	D	E	F	G	H	I	J	K
1	No	①スタイル	②燃費	③俊敏性	④室内装備	⑤荷物積載性	⑥静粛性	⑦乗り心地	⑧安全性	⑨操作性	総合評価
29	平均	3.48	3.07	3.37	3.11	2.81	3.19	2.74	3.26	3.11	3.00
30	満足度	51.85	33.33	40.74	33.33	18.52	40.74	29.63	40.74	25.93	37.04
31	重要度	0.40	0.70	-0.13	0.20	-0.19	0.78	0.88	0.27	0.15	1.00

(1) 平均

各質問項目の平均を計算しておきます。Excel では、以下のように AVERAGE 関数によって求めることができます。

=AVERAGE(データ範囲)

(2) 満足度の計算

全回答データ数に占める「満足」回答の割合を求めます。厳密に 5（満足）だけをカウントする方法もありますが、ここでは、5（満足）と 4（やや満足）を含めた件数から、満足度を計算してみましょう。

$$満足度＝\frac{5（満足）の回答数 ＋4（やや満足）の回答数}{全体の回答数} \times 100$$

なお、Excel では以下のように、COUNTIF 関数と COUNT 関数によって求めることができます。

=(COUNTIF(データ範囲 , 5)+COUNTIF(データ範囲 , 4))/COUNT(データ範囲) × 100

(3) 重要度の計算

重要度とは、総合評価との関連性を、総合評価との相関係数から求め、その質問項目の重要度とします。つまり、各質問項目が総合評価にどのくらい影響しているか、寄与しているかを示していることになります。

重要度の値	意味
1に近いほど	質問項目の回答が、総合評価と関連している。 質問項目の評価が良いほど、総合評価も良く、質問項目の評価が悪いほど、総合評価も悪い。
0に近いほど	質問項目の回答は、総合評価と関連しない。
−1に近いほど	質問項目の回答は、総合評価と逆転している。 質問項目の評価が良いほど、総合評価が悪く、質問項目の評価が悪いほど、総合評価が良い。

なお、Excel では、相関係数は CORREL 関数から求めることができます。

=CORREL(評価要素のデータ範囲 , 総合評価のデータ範囲)

7.3 縦組み表への入れ替え

(1) タイトルのコピー

以降の計算では、これまでの横に評価要素の項目を展開するよりも、縦に並べた方が便利なので、縦組みの表に入れ替えます。ただし、改めて入力し直す必要はありません。行列を入れ替えてコピーするだけです。そのためにコピーは通常と同じように行い、貼り付けを通常のデータの貼り付けではなく貼り付けの種類の中から「形式を選択して貼り付け」を選択し、「行列を入れ替える」にチェックを入れるだけです。

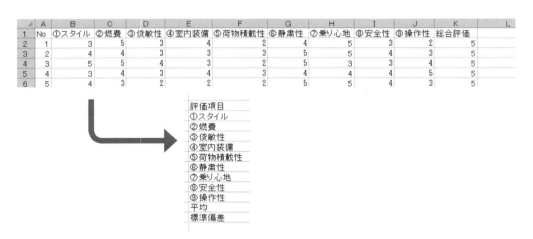

(2) 満足度のコピー

　同様に、満足度もコピーしておきます。ただし、これらは計算結果なので、計算式ではなく、値としてコピーしなければなりません。データを貼り付ける際に「形式を選択して貼り付け」を選択し、以下のダイアログボックスで、「値」の、「行列を入れ替える」貼り付けによって貼り付けます。

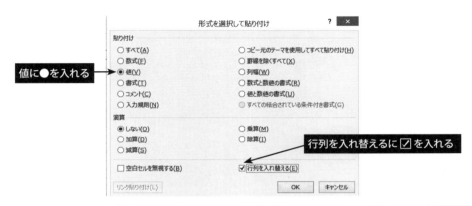

(3) 重要度のコピー

　同様に、重要度も計算結果なので、計算式ではなく、値として行列を入れ替えてコピーします。

第2部　実践編

7.4　標準化とCSグラフ

　満足度は構成比率（0 ～ 100％）、重要度は相関係数（−1 ～ 1）と単位が異なるため標準化します。つまり、満足度の偏差値を満足度指標、重要度の偏差値を重要度指標として、以下の計算式により求めます。

$$偏差値＝\frac{（値－平均値）}{標準偏差} \times 100 ＋ 50$$

　したがって、その前に

　平均値　　　　AVERAGE 関数
　標準偏差　　　STDEV.P 関数

を求めておかなければなりません。

=(M34-M$43)/M$44*10+50

	L	M	N	O	P
33	評価項目	重要度	満足度	重要度指標	満足度指標
34	①スタイル	0.40	51.85	51.6	68.2
35	②燃費	0.70	33.33	59.8	48.2
36	③俊敏性	−0.13	40.74	37.1	56.2
37	④室内装備	0.20	33.33	46.1	48.2
38	⑤荷物積載性	−0.19	18.52	35.4	32.2
39	⑥静粛性	0.78	40.74	62.1	56.2
40	⑦乗り心地	0.88	29.63	65.1	44.2
41	⑧安全性	0.27	40.74	48.1	56.2
42	⑨操作性	0.15	25.93	44.7	40.2
43	平均	0.34	34.98		
44	標準偏差	0.36	9.26		

=AVERAGE(M34:M42)　　　　=STDEV.P(M34:M42)

　ここで、求めた重要度指標と満足度指標から散布図を描いてみましょう。ともに偏差値として標準化されていますから、中心座標 (50, 50) を原点として以下のように 4 象限に分割することができます。

152

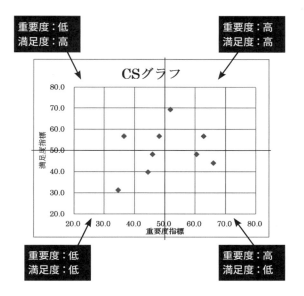

7.5 改善度指標の計算

最後に、改善度指標を計算してみましょう。ここでは、計算過程をトレースするために、中間結果を残しておくことにします。最終的には必要ありません。

(1) 原点移動

すでに説明したように、満足度指標も、重要度指標も偏差値に変換されていますから、座標の原点を $(0, 0)$ から $(50, 50)$ に移動します。

(2) 座標の回転

次に原点と (20, 80) を結ぶ基準線が 45 度傾いているために、座標全体を 45 度回転させます。

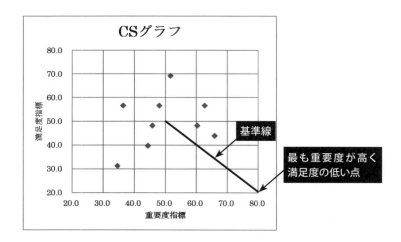

そのためには、三角関数を使わなければなりませんが、その前に弧度法から復習することにしましょう。日常、私たちは45度、90度というように、度単位に角度を表しますが、三角関数では弧度法（ラジアン）を用いなければなりません。度（d）からラジアン（r）に変換するには以下の式を用います。

$$r = \frac{d}{180} \times \pi$$

ここでπは円周率（3.1415…）ですから、たとえば45度であれば

$$r = \frac{45}{180} \times 3.1415 = 0.785$$

を求めることになります。

次に、ある座標 (x, y) をある角度（θ）だけ回転させた座標 (ax, ay) は以下の公式によって求めます。

$$ax = x \cos\theta - y \sin\theta$$
$$ay = x \sin\theta + y \cos\theta$$

では、Excelで求めてみましょう。

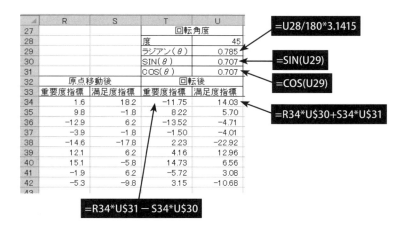

(3) 基準線との角度

基準線を45度回転してあるので、基準線はX軸と重なっています。したがって、ここで求める角度はX軸との角度で、次式によって求めることができます。

$$k = \arctan(x, y)$$

ただし、タンジェント関数はプラスとマイナスに分かれますが、ここでは、基準線との角度を取り出したいので、符号は無視します。そこで、Excelで計算する場合には、以下の関数を用います。

ABS関数	絶対値（マイナスならばプラス）を求める関数
DEGREES関数	弧度法のラジアンを度（0〜360）に変換する関数
ATAN関数	三角関数の値（タンジェント）から角度を求める逆関数
ATAN2関数	座標(x, y)から三角関数の値（タンジェント）を求め、そこから角度を求める逆関数

※ATAN関数は、対比的な説明に掲載したもので、実際には使用していません。

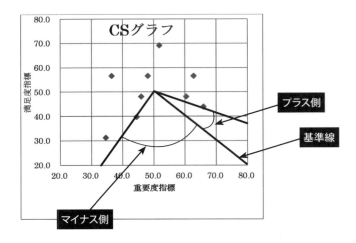

(4) 修正指数

次に、次式によって、角度（d）から修正指数に変換します。

$$修正指数 = \frac{90 - d}{90}$$

第7章　顧客満足分析

7.5　改善度指標の計算

	L	T	U	V	W
32		回転後		角度	修正指数
33	評価項目	重要度指標	満足度指標		
34	①スタイル	-11.75	14.03	129.96	-0.44
35	②燃費	8.22	5.70	34.76	0.61
36	③俊敏性	-13.52	-4.71	160.77	-0.79
37	④室内装備	-1.50	-4.01	110.46	-0.23
38	⑤荷物積載性	2.23	-22.92	84.45	0.06
39	⑥静粛性	4.16	12.96	72.21	0.20
40	⑦乗り心地	14.73	6.56	24.00	0.73
41	⑧安全性	-5.72	3.08	151.68	-0.69
42	⑨操作性	3.15	-10.68	73.56	0.18
43	平均				
44	標準偏差				

W34セル：=(90-V34)/90

　この修正指数の意味を、下表の計算結果から見てみましょう。ただし、ここでの角度はアークタンジェントで求めた角度の絶対値ですから、0 ～ 180 の範囲です。

角度	修正指数
0	1
45	0.5
90	0
135	-0.5
180	-1

　つまり、基準線からの角度が小さいほど大きく、対極（180 度）に近づくほど、小さくなることが確認できます。

（5）距離の計算

　次に各座標 (x, y) の原点からの距離を次式より計算します。

$$距離 = \sqrt{x^2 + y^2}$$

X34セル：=SQRT(T34*T34+U34*U34)

	L	T	U	V	W	X
32		回転後		角度	修正指数	距離
33	評価項目	重要度指標	満足度指標			
34	①スタイル	-11.75	14.03	129.96	-0.44	18.30
35	②燃費	8.22	5.70	34.76	0.61	10.00
36	③俊敏性	-13.52	-4.71	160.77	-0.79	14.32
37	④室内装備	-1.50	-4.01	110.46	-0.23	4.28
38	⑤荷物積載性	2.23	-22.92	84.45	0.06	23.03
39	⑥静粛性	4.16	12.96	72.21	0.20	13.61
40	⑦乗り心地	14.73	6.56	24.00	0.73	16.13
41	⑧安全性	-5.72	3.08	151.68	-0.69	6.50
42	⑨操作性	3.15	-10.68	73.56	0.18	11.14
43	平均					
44	標準偏差					

157

（6）改善度指標

最後に、以下の式から改善度指標を計算します。

改善度指標 ＝ 修正指数×距離

	L	M	N	O	P	Q	R	S	T	U	V	W	X
27									回転角度				
28									度	45			
29									ラジアン(θ)	0.785			
30									SIN(θ)	0.707			
31									COS(θ)	0.707			
32							原点移動後		回転後				
33	評価項目	重要度	満足度	重要度指標	満足度指標	改善度指標	重要度指標	満足度指標	重要度指標	満足度指標	角度	修正指数	距離
34	①スタイル	0.40	51.85	51.6	68.2	-8.12	1.6	18.2	-11.75	14.03	129.96	-0.44	18.30
35	②燃費	0.70	33.33	59.8	48.2	6.14	9.8	-1.8	8.22	5.70	34.76	0.61	10.00
36	③俊敏性	-0.13	40.74	37.1	56.2	-11.26	-12.9	6.2	-13.52	-4.71	160.77	-0.79	14.32
37	④室内装備	0.20	33.33	46.1	48.2	-0.97	-3.9	-1.8	-1.50	-4.01	110.46	-0.23	4.28
38	⑤荷物積載	-0.19	18.52	35.4	32.2	1.42	-14.6	-17.8	2.23	-22.92	84.46	0.06	23.03
39	⑥静粛性	0.78	40.74	62.1	56.2	2.69	12.1	6.2	4.16	12.96	72.21	0.20	13.61
40	⑦乗り心地	0.88	29.63	65.1	44.2	11.83	15.1	-5.8	14.73	6.56	24.00	0.73	16.13
41	⑧安全性	0.27	40.74	48.1	56.2	-4.45	-1.9	6.2	-5.72	3.08	151.68	-0.69	6.50
42	⑨操作性	0.15	25.93	44.7	40.2	2.03	-5.3	-9.8	3.15	-10.68	73.56	0.18	11.14
43	平均	0.34	34.96										
44	標準偏差	0.36	9.26										

=W34*X34

なお、この改善度指標の値により、

- 10< 改善度指標　　改善が求められる
- 5< 改善度指標　　　検討が求められる

というように、値が大きいほど、改善することによって、総合評価を良くすることが期待できるというわけです。ここでは、

②燃費　　　6.14

⑥静粛性　　2.69

⑨操作性　　2.03

が、それに該当します。

ただし、これはあくまで利用者、回答者の回答から導き出したものであって、

- 実現可能性
- 費用がどれだけかかるかという費用対効果
- 競合他社との戦略

などは考慮されていない点を踏まえておく必要があります。

第8章
調査報告書の作成

　いよいよ最終工程として、調査報告書について見てみましょう。ここがゴールで、ゴールめがけて準備してきたわけですから、それらを有効に活用して、立派な報告書に仕上げるための留意点を見てみましょう。

8.1　文章の種類

　まず調査報告書に入る前に、ちょっと寄り道（文章の種類と特徴）を見てみましょう。文章を書くことに特別の自信のある読者は、読み飛ばしてください。

　まず、はじめに文章表現といっても、文章にはいろいろな種類があります。

　　小説
　　詩歌
　　戯曲
　　随筆

これらは主観的、感覚的な文章で表現され、芸術的に評価されます。そこで求められるのは著者と読者との共感性です。一方、

159

第2部　実践編

　　　研究論文
　　　調査報告書
　　　リポート

こちらは客観的、論理的な文章で表現され、説得力で評価されます。そこで求められるのは真実です。

　では、研究論文と調査報告書とリポートの違いは何でしょうか。それぞれに名前があるということは、内容が違うということですから、順に見ていくことにしましょう。

8.1.1 研究論文

　まず、研究論文です。研究論文の論とは、議論の論ですから、論文とは真実を解明するための議論を文章で表したものとなります。そこでは自説と他説の違いを明らかにし、どちらが真実の解明に貢献できるかを論理的に表現する必要があります。そのためには裏付けとなる根拠が大切です。

　なお、研究論文においては説得力と分かりやすさが求められます。つまり、べた書きした、一面的なのっぺらぼうな文章よりも、章、節、項、段落というように区切ることによって分りやすく表現することが求められます。

　それが、三段構成か四段構成か、どちらが説得力と分かりやすさを両立できるかという永遠の論争につながるわけです。

　ここで、三段構成とは、

　　　序論（どこから書き出し）
　　　本論（どのように順序立てて）
　　　結論（どう結ぶか）

というように文章をまとめます。

　一方、四段構成（起承転結）とは、

　　　第一章（起）大阪本町糸屋の娘　　　　どこの話か
　　　第二章（承）姉は十六妹は十五　　　　誰の話か
　　　第三章（転）諸国大名は弓矢で殺す　　一般的、普遍的な事柄
　　　第四章（結）糸屋の娘は目で殺す　　　結び

160

というように、漢詩の構成から転じて、物語の展開に応用されるばかりでなく、仮説検証といった論証、説得を目的とする文章にも用いられています。

　もちろん、これらは一つのひな型で、三段か四段かどちらかでなければならないというわけではありませんが、文章構成としてはおおいに活用すべきでしょう。なぜなら、文章を書く前に、文章の骨格、すなわち、どこから書き出し、どのように順序立てて書き進め、どう結ぶか、という構想段階がたいへん重要だからです。文章を書くことに不慣れな人は、

- だいじょうぶ、書きながら考える
- 書いてみなければ、どうなるか分からない
- 何とかなるだろう

と、書き始めてはみたものの、途中で挫折して結局、振り出しに戻らなければならないということになりがちです。最初に戻ってやり直すだけの時間と気力が残されている場合には、それも勉強、いい経験で済みますが、取り返しのつかなくなるケースも少なくありません。つまり、何もないところから出発するよりも、文章構成のひな型を参考にして、構想という骨格を頼りに書き進めた方が、途中で投げ出すリスクをはるかに減らすことが期待できます。

8.1.2 リポートとは

　リポートにもいろいろなタイプがあります。職場で用いられるのは、主に以下のようなリポートです。

種類	概要
日報	日々の業務内容、すなわち、何をして現在どんな状況にあるかを報告するためのリポートです。特に営業職では、顧客ごとの進捗や見込みが報告されます。この日報によって、毎日オフィスに出勤しなくても済むという会社も少なくありません。
月報	月単位の業務内容を報告するリポートです。こちらは予算に対して実績がどうだったのか、それはなぜか、といった予算実績の対比が中心です。
新製品開発	企画、設計、試作、テストなどの開発段階によって内容が異なります。重要なことは予定に対してどこまで完了したかという、進捗です。それぞれの段階で抱える問題やその対策も報告されることになります。
マーケティング	こちらも市場調査や顧客分析、マーケティング戦略の策定、実施とその評価など、段階によって内容が異なります。重要なことは計画に対する実績です。他社の動向や、政治経済、社会情勢にも影響される問題やその対策も報告されることになります。

第2部　実践編

　また、学校でも以下のようなリポートに学生が取り組んでいます。

種類	概要
調査	これはある分野や領域に関して、学生自らが主体的に調べて報告するリポートで、何をどの程度調べたかがポイントとなります。
読書	これはある分野や領域に関する文献を探し出し、または指定された図書を読んだうえで、書くリポートです。内容としては、著者の主張や内容の要約、読後の感想など、先生が指示する場合がほとんどでしょう。
意見	たとえば、世の中を二分するような論争についての自分の意見をまとめるリポートです。指定された図書に関する自分の意見も、先の読後感想よりも一歩踏み込んで、対案や評価が求められます。
学習	授業内容の全部または一部について、授業で学んだことをまとめて提出するリポートで、授業を休んだ学生にとっては苦労することになります。また、学んだ専門用語を用語集にまとめる課題もリポートと形態は異なりますが主旨は同じです。

　こうしたリポートに共通する特徴は、「以上、現場からのリポートでした」というように、真実を分かりやすく伝えることです。少なくとも論文のように、議論することは求められていません。ただし、新製品開発リポートでは、新製品Aにすべきか、あるいはBにすべきかとの開発議論を取り上げなければならないし、また学生の調査リポートでは、A氏の主張とB氏の主張の相違点をまとめることが求められる場合もあるでしょう。しかし、論文とリポートの相違点は、論文が当事者として議論を展開するのに対し、リポートでは第三者として議論のプロセスや結果を事実として報告することにあります。すなわち、リポートの使命はあくまで真実を正確に伝えることといえます。

8.2　分かりやすい文章

　論文であっても、リポートであっても、社会人が書く文章でも、学生が書く文章でも、客観性、論理性が求められ、「分かりやすさ」が求められている点では共通しています。それは日本語が持つ構造的な要因による場合もありますが、書き手の文章力、それ以前に何をどういう順番で書くのか整理されずに書かれてしまった文章のように、文章の書き方に依存している部分も少なくありません。そこで、まず、「分かりやすい文章」とはどんな文章か、その対極にある分かりにくい文章とはどんな文章かを見ていくことにしましょう。

162

8.2.1 句読点の使い方

まずは、句点（。）から見てみましょう。これは文の終わりを示すために打つという明確なルールがあるために、さしたる問題になることはまずありません。しいてあげれば、会話や、他からの引用を示す「」の中では省略されることがあるといった点でしょうか。

「上着を着てくればよかった」
「あてはまるものをいくつでもお選びください」

句点（。）で問題となるのは、その使い方よりも、文の長さです。文は長すぎても、逆に短すぎても、読み手にとって難しくなるために、適切な長さが求められます。この適切さが難しさにつながります。ここでは、文の平均文字数もさることながら、最大文字数が問題です。少なくとも「牛のよだれ」といわれるような、際限なく続く文は避けなければなりません。そのためには、1行のどこから始まっても3行以内に文を終えるというようなルールを作って書くのも一つの方法です。

次に、読点（、）ですが、こちらは読み手の読みを助けるために打つというルールがあるだけで、そのあいまいさが使い方を難しくしているといえます。いくつか具体例を見てみましょう。

(1) 文の主語が長い場合

主語が長い場合は、ここまでが主語だということを明示して、読み手の息継ぎを促すために読点を打つことが一般的です。

> 質問に用意されている選択肢の中から明確に選択できない質問の選択は「その他」を選択し、具体的な回答を自由記述欄に記入してください。

(2) 接続詞の後

接続詞の後には読点を打つことで、話題や視点を変えることを表現します。

> さて、最初にあなた自身について伺います。
> それから、あなたのご家族について伺います。
> しかし、これらは実践で確認する以外に方法は見当たりません。

第2部　実践編

（3）文頭の副詞が、以降の文全体にかかる場合

文頭の副詞が後続する語単独ではなく、以降の文全体にかかることを明示する読点です。

まず、ご協力に感謝し、御礼申し上げます。

さいわい、大きな被害にならずに済みました。

（4）意味を明確に表現する場合

修飾語が修飾する被修飾語を明確に示すための読点です。

大きな、会社の倉庫

大きな会社の、倉庫

読点を打つことで、修飾語（大きな）がどちら（会社か倉庫）を被修飾語とするかを明らかにすることができます。

製品Aはマイナーチェンジによって逃げる製品Bに迫った。

製品Aは、マイナーチェンジによって逃げる製品Bに迫った。

製品Aはマイナーチェンジによって、逃げる製品Bに迫った。

こちらも、修飾語（マイナーチェンジによって）がどちらを被修飾語（製品Aか製品B）とするかによって、意味が変わってしまう例です。

8.2.2　二重否定を用いない

以下はある総務大臣の答弁ですが、否定の否定のように、否定を重ねる表現は自信のなさを露呈するだけで、混乱の元です。

「政治的公平性を欠く放送局の電波を止めることがないと言えない根拠は、どこにもないとは言い切れない」

164

第8章　調査報告書の作成

8.2　分かりやすい文章

　この文章をすんなり理解できる人がどれだけいるでしょうか？　否定の否定は肯定、というように整理することによって、

- 電波を止めることはないと言えない　→　電波を止める
- 根拠はどこにもないとは言い切れない　→　根拠はある

という意味なんだということが理解できるようになりますが、あえてこう表現しなければならない理由は見当たりません。

8.2.3 正確な表現

　正確でない表現とは、あいまいな、いろいろな解釈ができてしまう表現ですから、正確な表現とはいろいろな解釈ができないように配慮されている表現ということになります。いくつか例を見てみましょう。

(1) 助詞「の」の意味

　この「の」はいろいろな意味で用いられ便利な半面、いろいろな解釈ができてしまうので、要注意といえます。

研究所の資料に注目する　→　研究所についての資料に注目する

研究所が作成した資料に注目する

研究所が所有する資料に注目する

研究所が発見した資料に注目する

---

(2) 修飾語と被修飾語の関係

　修飾語が修飾する被修飾語を読点によって明示できる例をすでに見ましたが、修飾語は被修飾語の直前に、少なくとも近くに置くのが原則です。そうでないと意味が変わることになります。

膨大なデータのエラーを修正しなければならない。

データの膨大なエラーを修正しなければならない。

第2部　実践編

膨大なのはデータなのか、エラーなのかを明示しなければなりません。

複雑なデータ間の関連エラーを修正することは容易でない。

データ間の複雑な関連エラーを修正することは容易でない。

これらは、文章を書くスピードよりも、頭に思い描くスピードの方が速いために、よく起こる現象ではあるものの注意したいものです。

（3）副詞と被修飾語の関係

副詞も修飾する語の近くに置くのが原則です。

たいへん部屋の暖房が壊れていて寒い。

　　→　部屋の暖房がたいへん壊れていて寒い。

　　→　部屋の暖房が壊れていてたいへん寒い。

「たいへん」は「壊れて」か「寒い」かどちらかを修飾することになりますが、直前に置くことによって、明確に表現できます。

8.3　慎むべき表現

（1）敬体（です、ます）と、常体（である）の混用

小説などの芸術性が求められる文章では、ことさら、こうした混用を意図的に組み合わせることがありますが、それはあくまで、表現上の効果をねらったもので、少なくとも、論文やリポートではまねをすべきではありません。

ただし、アンケート調査の質問文が敬体で、その報告書は常体で記述されるような場合には、敬体と、常体が混用されることになります。この場合には、質問文を「」で囲み、質問票からの引用であることを明示することで、こうした混用でないことを明示する必要があります。

166

（2）話し言葉

話し言葉とは、日常的に会話の中で使っている以下のような言葉です。

いまいち、やっぱ、ていうか、だから、なので、〜的、…

これらは、特に若い人が会話の中で使う分には、その人の品格が疑われるだけで済みますが、文章に持ち込むことは慎むべきでしょう。

以下のように、ちょっと変えるだけで、見違えるような文章になるからです。

話し言葉	書き言葉
いまいち	若干
やっぱ	やはり
ていうか	しかし、あるいは
だから	したがって
なので	ゆえに
〜的	〜のような

（3）牛のヨダレ

分かりにくい文章の項でも触れたように、長い文章は理解しにくく、誤解を招きやすくなり、書くのに苦労するだけで、いいことは何一つありません。したがって、文はなるべく短く納めることが肝要です。しかし、あまりに短すぎると、ぶつぶつに分断された感じが残るので、ほどほどの長さが望ましいというわけですが、できるだけ短い文章を目指して書くくらいでちょうど良いところに収まるのではないでしょうか。

（4）用語、用法の不統一

同じ用語が違うことを表したり、同じことを別の用語で表現するなど、文章の場所によって、変わってしまうことがよくあります。これも頭で考えるスピートに文章を書くスピードが追いつかないための現象でしょうか。あるいは、文章を完成させるために必要な時間経過の中で、考え方やとらえ方が変わってしまうことも考えられます。これを避ける方法は、用語集を作ることです。それは、書き手の混乱を防ぐばかりでなく、読み手の理解を助けるために巻末の参考資料とすることも期待できます。

第2部　実践編

（5）主語と述語のねじれ

　日本語に限らず、語と語が離れることによって、書いている間にその関係がねじれてしまうことがあります。たとえば、何を主語にしたかぼやけてしまい、述語がねじれてしまうような表現です。意味を想像することはできますが、文章としては違和感が残ります。表現に違和感や誤りがある以上、修正したいものです。そんな例をいくつか見てみましょう。

誤った表現	私は、このアンケートに協力することは不可能なことだ。
理由	「私」が主語であれば、「ことだ」が述語になり得ない
修正した表現	私は、このアンケートに協力することは不可能だと思う。 このアンケートに協力することは、私には不可能だ。

誤った表現	このアンケートで改善すべき点は、質問の数を減らすことが必要である。
理由	述語「必要である」に対応した主語がない。 「このアンケートで改善すべき点は質問の数を減らすこと」で完結している。
修正した表現	このアンケートで改善すべき点は、質問の数を減らすことである。 このアンケートを改善するには、質問の数を減らすことが必要である。

8.4　文章の仕上げ

8.4.1　構想と確認

　これまで、分かりやすい文章や、慎むべき表現など文章にまつわる技術的なことがらを見てきました。そんなことはどうでもよいというわけにもいきませんが、もっと重要なことは、著者が読者に伝えたいこと、表現したいことは何かということです。もし、それがないまま、もしくは漠然としていてぼやけている場合には、書き始める前に、それを整理しなければなりません。しかもそれは、「できたらいいな」といった淡い夢ではなく、「絶対に成し遂げる」という確信に育てることが大切です。その情熱が、どうしたらそれを伝えることができるか、どうしたら分かりやすくなるか、といった壁を乗り越えさせてくれるからです。

　とはいえ、文章を書くという作業には時間が不可欠です。場合によっては一カ月とか、一年というように気の遠くなるような時間が求められます。その長い時間経過の中で、初志貫徹、

168

第8章　調査報告書の作成
8.4　文章の仕上げ

スタート時点の情熱を保持し続けられる人がどれだけいるでしょうか。そこで、重要なのが「構想」です。家を建てる場合の設計図です。家は設計図に沿って建築され、出来上がった家は、設計図どおりに建てられていることを確認します。

(1) 構想

では、文章を書くうえでの設計図とは何でしょうか。それは目次です。ここでは、章、節、項というように詳細な目次をきっちり、決めることが目的ではなく、何をどんな順番で展開するかといった覚書です。ですから、章や節のタイトルとともに、そこで何を書く予定かを記すことです。

同様に、「はじめに」を完成させることも大切です。多くの場合「はじめに」では概略や動機、目的などが表現されるためです。

つまり、文章を完成させるために、どれだけ多くの時間を必要とし、途中で、困難に遭遇したり、迷ったり、忘れてしまっても、この「はじめに」と「目次」があれば、初心に戻ってまた前進することができます。

(2) 確認

家が完成したときに、設計図どおりに建てられているかを確認するように、文章が完成したとき、最初に用意した「はじめに」と「目次」という文章の設計図と照らして、当初の目的が達成されているかを確認します。

もし、達成されていないという場合には、「はじめに」と「目次」を差し替えるか、本文を書き直すかを判断しなければなりません。

8.4.2 文章の透明感

文章の透明感とは、すっきりした、分かりやすい文章です。文章がすっきりしているとは、いらない修飾で、ごてごてに飾り立てられていない、すなわち、いらないものをはぎ取った文章です。逆に必要なものをはぎ取って、理解しにくい、理解できない文章にしてしまっては本末転倒です。したがって、すっきりしていて、分かりやすい文章が目指すべきゴールとなります。

(1) 推敲

そのためには、書き上げた文章を見直す、つまり推敲が不可欠です。多少、不自然で未熟で不適切な表現があったとしても、文章構成の幹さえできていれば、最近のようにワープロを使

第2部　実践編

用している以上、後からいくらでも修正できます。その分、推敲に注力すればよいのです。いくら文章の達人といえども、「文章に完成はない」といいます。つまり、何度、見直しても、見直せば必ず手を入れたくなる個所が見つかるというわけで、推敲が文章を完成に近づける唯一の方法といえます。

(2) 文章の熟成

　ただし、文章の達人の中にも、原稿を一晩寝かせてから推敲するという人は少なくありません。書いた直後では、すべての記憶が鮮明に残っているため、原稿を読まずに思い出してしまうのです。そこで、書き終えた原稿を一晩以上、寝かせることによって、興奮から冷めるばかりでなく、書いてある文章が、読み手の立場に立って読めるようになるというわけです。ですから、頭の中の記憶を消し去り、書いたときの興奮から冷めて冷静に戻るためには時間が必要で、書いた文章が自然と熟成することはありません。

　もし、時間的な余裕が残されていればですが、書いた原稿を寝かせてから推敲することをお勧めします。きっと、「こんなこと書いたかなぁ」とつぶやくこと間違いありません。

(3) 立場を変える

　また、何度か推敲する場合には、読み手の立場を変えるというのも有効です。すなわち、何度も書き手の立場から推敲するのではなく、書き手の次は読み手の立場で、という具合です。書き手の立場では、どうしても書きたいことがすべて、網羅されているか、論理的か、といった点が注視されますが、読み手の立場からは、読みやすいか、曖昧な点はないか、など視点を変えることが期待できます。

8.5　調査報告書の作成

8.5.1　調査報告書とは

(1) 目的

　ずいぶん遠回りをしてしまいましたが、調査報告書について詳しく見てみましょう。そもそも、調査報告書は何のために書くのか、書かなければならないのか、考えるまでもなく、調査

の結果を明らかにすることですね。もう少し、具体的にすると、

- 当初、想定した仮設とその検証
- 調査の結果から得られたこと
- 調査の結果から明らかになったこと、そこからの提言
- 調査の結果からの主張

などを、読者に示すことと、なります。

(2) 対象者

では、読者とはいったい誰でしょうか。

- 担当教員
- ゼミやサークルの仲間、後輩
- 社内関係者（社外秘）
- アンケートに協力してくれた人（お礼）
- 不特定多数（公開）

これも調査によって、まちまちですね。ただ、誰をめがけて書くかを決めることによって、文章が書きやすくなるのは事実でしょう。

(3) 特徴

　先の目的にもよりますが、確かに、事実を報告するという点ではリポートに近い要素もありますが、これまでの常識を覆すような主張や、新しい提言には説得力が求められます。ですから、調査報告書は研究論文とリポートの中間に位置付けられます。もちろん、客観的、論理的な文章で表現され、説得力も求められます。

　ただし、論文のように、三段構成（序論、本論、結論）の方がいいとか、四段構成（起承転結）でなければならないという議論は、この調査報告書にはあてはまりません。書き手にとって書きやすく、読み手にとって分かりやすい報告書が望まれるというわけです。

　なお、調査結果に基づいて論文をまとめる場合には、たとえば仮説群を構成するそれぞれの仮設ごとに一つの論文にするなど、一つの調査からいくつかの論文に展開することも少なくありません。もちろん、これらは調査報告書から論文として取り扱われることになります。

第2部　実践編

8.5.2 調査報告書の構成

　以上見たように、調査報告書自体は論文ではありませんから、三段構成や四段構成といった
ひな型にとらわれることなく、必要なことを分かりやすく展開する必要があります。つまり、
順序はともかく、報告書に不可欠な内容としては、以下があげられます。

(1) 題名

　まず、調査内容が端的に分かるような題名が必須です。短い名称では的確に表現することが
難しければ、副題によって補足することも可能です。

(2) 調査の背景と目的

　なぜ調査することにしたのか、調査の背景を明らかにしたうえで、何を明らかにするための
調査なのか、調査の目的を具体的に記述します。先の題名も含め、この段階で書き起こすとい
うよりは、すでに書いてあるはずの「調査企画書」から引用すれば済むことになります。もち
ろん、「調査企画書」からの引用では済まず一部手直しが必要になる場合も少なくありません。

　ただし、実際に行った調査が目的を達成するために適切なものでなかったことに気がついた
としても、遅きに過ぎる、後の祭りというわけです。そうしたことを避けるためにも、調査の
企画、設計段階で、十分に報告者の内容をにらみながら進めるとよいでしょう。

(3) 調査の概要

　ここでは、調査の目的を達成するために、どんな調査を行ったかを記述します。具体的には、
調査票サンプルと調査対象とした母集団およびその標本（標本の大きさやサンプリングの方法）、
実査の時期と方法、回収の状況などをまとめます。

　また、回収の状況では、単に回収率（回収した有効サンプル数 / 配布したサンプル数）だけ
でなく、調査対象者の属性（フェイス項目）ごとの単純集計などを用いて、回収したサンプル
の概要を明らかにします。

(4) 調査結果

　回収した調査データの集計結果を分かりやすく、まとめます。そのためには、単なる集計表
だけでなく、グラフを活用するなど、調査結果の特徴を分かりやすく表現することが求められ
ます。

　また、一般的には、質問票の質問順序に沿って、その結果を示し、その特徴などを解説します。

172

ただし、仮説やあるテーマごとに結果を提示することも可能です。重要なことは、どちらが読者が分かりやすいか、読者にいいたいことを訴えやすいかということになります。

(5) 結果の考察、結論

先の調査結果をどのように解釈することができるのか、あるいは設定した仮説はどのように検証することができるのか、あるいはできないのか、また積み残した課題があれば、今後の課題としてまとめておくこともよく行われています。

(6) 添付資料

巻末の付録といった感じですが、依頼文を含む調査票サンプル、回収したサンプルによる全項目の単純集計、データ処理上の特記事項などを添付します。

8.5.3 調査報告書の要約

一般的に、調査報告書はかなりの大作になることが想定されます。そこで、調査の内容や結果およびその考察を端的にまとめた要約を用意するのが一般的です。要約ならば、多くの関係者や、アンケートに協力してくれた人々へのお礼としても配布できるというわけです。ただし、要約といっても 1, 2 ページのものから、数十ページに及ぶものまで、いろいろです。中には、報告書本体がなく、要約だけで済ませるという調査もあるようです。

この要約についても、特に決まった定型や形式があるわけではありませんので、どの程度のボリュームに収めるかによって内容が規定されます。ただ、

- 報告書本体を読まなくても、概略を知ることができる
- 報告書本体を読んでみようという動機づけになる
- 的を絞ることによって、報告書本体を読みやすくする

といった要約のねらいによっても内容が異なる面を持っています。

(1) 小さな要約

1, 2 ページに収める要約であれば、表やグラフを納めるスペースは期待できませんので、

- 調査の背景と目的の要約
- 調査とその結果の要約

第2部　実践編

● 結果の考察と結論の要約

というように、かなりの圧縮が必要となります。

（2）通常の要約

　一般的には要約といえども、数ページから十数ページの紙面が使えるのであれば、以下のような内容を盛り込むことが期待できます。

● 調査の実施概要
● 報告書要旨
● データ、図表

ということで、どの程度の紙面が利用可能かによって、内容が大きく左右されることになります。

8.5.4 調査報告書の具体例

　だいぶ遠回りをしてしまいましたが、ここがプロジェクトのゴールですから、あらかじめ何を書くかを想定しながら、プロジェクトをスタートさせることが理想です。とはいえ、進めて見なければ分からない部分も多く、理想と現実にギャップはつきものですが、調査報告書にどんなことを書かなければならないかを押さえておくことは重要です。

　以上は報告書に含めるべき要素を洗い出したもので、実際の報告書では、それらを組み合わせて構成されていることが一般的です。そこで、具体的な事例をいくつか参照しながら、どのように展開されているのか、以下で見てみましょう。

174

2015 年

国民生活時間調査

報告書

平成 28 年

HNK 放送文化研究所

（世論調査部）

目次

Ⅰ．調査の概要

    1．調査目的

    2．調査事項

    3．調査方法

    4．調査期間・調査対象日

    5．調査対象

    6．調査相手

    7．有効調査相手数（率）

    8．曜日別の指定サンプルと調査有効数（率）

Ⅱ．結果の要約

Ⅲ．結果の概要

    1．テレビとマスメディア

    2．レジャーと交際

    3．労働と学業

    4．睡眠と食事

    5．家にいる時間、いない時間

    6．必需行動・拘束行動・自由行動

（参考）付表

（参考）調査票見本

第2部　実践編

企業防災アンケート調査報告書
＜企業の防災・事業継続計画・新型インフルエンザ対策＞
平成21年3月
人と防災未来センター
（日本経済新聞社・人と防災未来センター共同調査）

I.　はじめに

1.　本調査の概要

2.　その他

II.　調査結果

1.　防災計画と事業継続計画について

（1）BCP・防災計画の策定状況

（2）BCP の必要な理由

（3）BCP の想定リスク

（4）災害対策の状況

（5）BCP 策定の課

（6）平常時のメリットの有無

（7）平常時のメリットの内容

（8）のぞましい支援策

（9）第三者認証

2.　新型インフルエンザ対策について

（1）新型インフルエンザ対策の状況

（2）自社事業の社会的重要性

（3）社会的重要拠点の対策課題

（4）社会的に重要でない拠点の事業継続

（5）新型インフルエンザ対策の文書の有無

（6）新型インフルエンザ対策と BCP の関係

3.　自由回答

4.　まとめ

平成 20 年度
横浜市の広報に関するアンケート調査
報告書
平成 21 年 3 月
横浜市市民活動推進局広報課

【目 次】

1．調査の趣旨と方法等

（1）趣旨

（2）アンケート調査の実施概要

（3）アンケート回収状況

（4）報告書中の表記

（5）アンケートを実施した主な媒体

2．回答者の属性分布

（1）居住区

（2）性別

（3）年齢

（4）職業等

（5）市内居住歴

（6）居住形態

3．設問別調査結果

（1）利用している広報媒体について

（2）「広報よこはま」について

（3）「横浜レンガ通信」について

（4）フリーペーパー「ハマジン」について

（5）テレビ番組、ラジオ番組について

（6）市のホームページについて

（7）広報媒体について

4．調査票（アンケート）

相模原市　防災に関する市民意識調査　報告書
平成 24 年 3 月

第 1 章　調査の概要
1．調査目的
2．調査設計
3．調査内容
4．地区別回収構成比
5．報告書の見方
6．標本誤差
第 2 章　調査回答者の属性
1．基本属性
（1）年齢
（2）性別
（3）居住地区
第 3 章　調査結果の分析
1．東日本大震災発災当日の状況
（1）震災発生時にいた地域
（2）震災発生時にいた場所
（3）震災発生時の家からの距離
（4）発生後にいた場所の停電状況
（5）震災発生直後の情報源
（6）震災直後に最も役に立った情報源
（7）震災当日の帰宅手段
（8）通常とは異なる手段での帰宅で利用したもの
（9）徒歩時間
（10）帰宅するまでに滞在した場所
2．災害時の備え
（1）身近な人と災害に関しての話し合いをしたか
（2）話し合いの内容
（3）身近な人との連絡方法の取り決め
（4）身近な人との災害時の連絡方法
（5）身近な人との待ち合せ場所の取り決め
（6）震災前と比べた防災への意識
（7）大きな地震が起こった際の心配事
（8）自宅での地震対策
（9）防災活動への参加状況、災害時の避難場所等
3．自由記述
第 4 章　調査票

第3部 ■ 事例編

　ここから、具体的な事例に基づいて、アンケートの企画から、帳票の設計、アンケートの集計、報告書の作成までの一連のアンケート調査プロセスについて詳しく見てみましょう。

第9章
学園祭研究発表の来場者アンケート

9.1 アンケート調査の企画

9.1.1 背景

　A大学では、毎年秋に学園祭を行っています。学園祭では、屋外ではステージイベントや模擬店、屋内では模擬店や研究発表が行われています。大学の広報、ホームページで告知され、インターネットの学園祭情報などにも掲載されています。主催者発表による来場者数は、およそ8,000人で、ここ数年は8,000人前後で推移しています。

　岩田ゼミでは、毎年学園祭で、健康管理に関する研究発表を行っています。今年度は、「家庭でできる健康管理」をテーマに研究発表を行う予定です。発表は、研究内容を模造紙などにまとめ、教室の壁に掲示する展示を中心とし、家庭でできる健康法として食事や運動などの実例ビデオを作成し、教室に置かれたテレビで流します。

　研究テーマは毎年少しずつ変わっていますが、展示などの発表方法は、先輩が行ってきた方法を引き継いでおり、ほとんど変わっていません。発表に対する評価や来場者の健康意識の変化を知り、少しでも多くの人に健康管理に意識を向けてもらえるような研究発表を目指しています。

　また、来場者にはゼミの学生が詳しく内容を説明する予定ですが、その来場者は、たまたま教室の前を通りかかって入るという方もいれば、学園祭の来場者に配布される総合パンフレッ

第3部　事例編

トで発表内容や教室などを調べて、わざわざ来場されるという方がいることも想定されます。

9.1.2 調査目的

　せっかくの来場者ですから、忌憚のない意見や評価を伺うことで、来年度以降の研究発表のテーマや展示方法の改善に役立てることが調査の目的です。そのために、

- 来場者を増やすための研究発表の告知方法は適切か？　特に来場者の属性を考慮した場合
- どのような展示方法、発表内容だと見やすいと思ってもらえるか？
- 研究発表によって、健康管理に対する意識が変化したか？

といったことを、明らかにするためにアンケート調査を計画しました。また、来場者自身の健康管理をテーマとした発表であり、より多くの人が効果的に健康意識を高めるような発表となっているかを調べ、次年度へつなげることが調査の目的です。

9.1.3 仮説の設定

　第2章で、仮説の設定に触れていますが、アンケートの目標が決まり、帳票の設計に入る前に、仮説について考えてみましょう。

　今回のアンケートの目的の一つは、研究発表をご覧になる来場者の健康に関する意識がどのように変化するのか、具体的には健康管理へのモチベーションの高揚につながっているかを調べることです。そのためには、研究発表がどう評価されているかが重要です。そこで、運動や食事などに気を配る健康意識は、年齢や性別によって異なり、運動や食事など、すでに多くのことに気をつけている健康意識の高い人ほど、研究発表を高く評価しているのではないか？そして、健康意識の高い人ほど健康維持、増進への意識をさらに高揚させるのではないか？という仮説を設定します。このような仮説を設定すると、年齢、性別ばかりでなく、発表の評価と健康に関する意識の項目でのクロス集計を行う必要があることがはっきりします。

　また、発表への評価は、展示などの見た目とはさほど関係ないのでは？　との仮説を設定すると、発表内容の評価と、発表の見た目の評価、それぞれがアンケートの質問項目に必要なことが分かります。

　以上から、今回は以下の仮説を設定することにします。

182

- 健康に関する意識は、年齢や性別によって異なる
- 健康に関する意識の高い人ほど、発表内容の評価が高い
- 健康に関する意識の高い人ほど、研究発表の閲覧が健康意識を高揚させ、さらなる健康管理への動機づけにつなげている
- 発表内容への評価と発表の見やすさの評価は一致しない

9.1.4 調査対象の選定

毎年、ゼミの研究発表には50名前後の人が来場しています。これまでの会場の様子から判断し、来場者全員にアンケートに回答してもらうことが可能だと思われます。したがって、50名前後と予想される来場者全員にアンケート調査に協力していただくこととします。

9.1.5 調査方法の決定

今回の調査では、会場の出口に机と椅子を置いて、アンケート調査のためのスペースを作ります。展示を見終わった人には、その出口に設置されている調査用のスペースで回答用紙に記入してもらい、その場で回収を行います。その場で回答してもらうため、回答者に負担のかからないよう、回答時間が5〜10分程度で済むようなボリュームのアンケートにします。

9.1.6 アンケート企画書

今回の事例について、アンケートの計画を以下のようなアンケート企画書にまとめておくと便利です。

学園祭研究発表の来場者アンケート企画書

1. 調査テーマ
   研究発表来場者の研究発表への評価と、健康意識に関する変化

2. 調査の目的
   少しでも多くの人が健康管理に意識を向けてもらえるような研究発表を行うために、研

究発表に対する評価や来場者の健康意識の変化を知り、来年度以降の発表への方向性を探ります。

3. 調査仮説

研究発表の評価と、健康意識に関して以下のような仮説を設定します。

・健康に関する意識は、年齢や性別によって異なる

・健康に関する意識の高い人ほど、発表内容の評価が高い

・健康に関する意識の高い人ほど、研究発表が健康意識を高揚させる

・研究発表の内容への評価と方法への評価は一致しない

4. 調査方法

A4用紙1枚程度のアンケートを用意し、来場者に回答をしてもらい、その場で回収まで行います。

5. 調査対象

来場者全員とし、約50名程度と予想しています。

6. 報告書の概要

研究発表の内容に対する評価、来場者の健康に対する意識の変化などを明らかにし、来年以降の発表テーマや方向性を見つけます。

7. スケジュール

調査企画	6月〜7月
帳票設計	7月〜9月
調査期間	11月2日〜3日
結果の分析と報告書作成	11月〜2月

9.2 アンケート帳票の設計

9.2.1 回答者属性についての質問

「健康に関する意識は年齢や性別によって異なる」ことを明らかにするためには、回答者の年齢や性別を知る必要があります。このように、アンケートに答えたくれた人が、どんな人かを知るための質問をいくつか考えてみることにします。

属性を知るために行う質問には、年齢や性別、所属などを聞くのが一般的です。年齢や性別によって、その他のアンケート項目の回答に差があると考えられる場合には、必須の項目で、以下の質問を設定しました。

問1　あなたの性別を教えてください。
　　　　①男性　　②女性
問2　あなたの年齢を教えてください。
　　　　①10代　　②20代　　③30代　　④40代　　⑤50代　　⑥60代以上

ここでは、最終学歴、職業、年収、住居など、一般的に行われている属性に関する質問は、回答者の負担ばかりでなく、質問票スペースを考慮して、割愛することにしました。

9.2.2 研究発表についての質問

次に来場者の来場理由や研究発表の評価を聞く質問を設定しました。来年度も同様のテーマで発表を行いますが、その際、来場者を増やす手がかりになるかもしれません。また、研究発表のテーマを知って来場した人とそうでない人では、健康に関しての意識の違いが見られるのではないか、もともとの健康に対する意識の有無が研究発表で変わるのかなどを調査項目と合わせて考えていくことにします。

問3　当ゼミの研究発表にお越しになった理由をお聞かせください。
　　　　①知人に勧められて　　②学園祭のパンフレットを見て
　　　　③会場前を通りかかって興味を持った　　④なんとなく入ってみた

第3部　事例編

問4　当ゼミの研究発表を見た感想をお聞かせください。
　　　①とてもつまらなかった　　②つまらなかった　　③普通
　　　④ためになった　　⑤たいへんためになった

問5　当ゼミの研究発表の見やすさについて感想をお聞かせください。
　　　①おおいに不満　　②不満　　③普通　　④満足　　⑤大変満足

9.2.3　健康に対する意識についての質問

　次に「回答者の健康意識と、健康維持に関する意識はどう変化するのか」についての質問を考えてみます。健康意識としては、来場者は普段から健康に対しての関心はあるか、具体的に健康を維持するために何か行っているかなど、具体的な質問をすることにしました。

問6　1週間の運動量を教えてください。
　　　①2時間未満　　②ウォーキングなど軽い運動2時間以上
　　　③ジョギングなど激しい運動2時間以上

問7　晩酌をしますか？
　　　①はい　　②いいえ

問8　問7で「①はい」と答えた方のみお答えください。
　　　1週間のうち、休肝日（お酒を飲まない日）を決めていますか？
　　　①1日程度　　②2〜3日程度　　③4日以上　　④決めていない

問9　1日の喫煙量を教えてください。
　　　①吸わない　　②5本以内　　③6本〜1箱以内　　④1箱以上

問10　栄養バランスのよい食事をしていますか？
　　　①栄養バランスは気にしない
　　　②気にはしているが、できていない
　　　③はい

第9章　学園祭研究発表の来場者アンケート

9.2　アンケート帳票の設計

問 11　食事を摂るとき、摂取カロリーを気にしますか？
　　　　①はい　　②いいえ

また、これからの健康意識については、健康維持に関して行ってみようと思うことを聞くことで、健康意識の変化を推し量ることにしました。

問 12　今後、実践しようと考えていることを教えてください。（複数回答可）
　　　　①週 3 時間程度のウォーキング　　②休肝日の設定
　　　　③間食を減らす　　④喫煙量を減らす

9.2.4 協力依頼文の作成

第 3 章でも触れましたが、アンケートの回答者に対して、アンケートの依頼文を作成する必要があります。今回のアンケートは、その場で回答してもらうため、A4 用紙 1 枚程度のボリュームの調査票を考えています。したがって、協力依頼文も通常のアンケートよりは簡素な以下のようなものにしています。

　　本日は、岩田ゼミの研究発表「家庭でできる健康管理」をご覧いただきありがとうございました。来年度も引き続き、研究発表を行いたいと考えています。つきましては、来年度の研究発表の参考にさせていただきたく、以下のアンケートにお答えいただければ幸いです。

187

第3部　事例編

9.2.5 質問票の最終確認

完成したアンケートは以下のとおりです。

来場者アンケート

　本日は、岩田ゼミの研究発表「家庭でできる健康管理」をご覧いただきありがとうございました。来年度も引き続き、研究発表を行いたいと考えています。つきましては、来年度の研究発表の参考にさせていただきたく、以下のアンケートにお答えいただければ幸いです。

問1　あなたの性別を教えてください。
　　　①男性　　②女性

問2　あなたの年齢を教えてください。
　　　①10代　　②20代　　③30代　　④40代　　⑤50代　　⑥60代以上

問3　当ゼミの研究発表にお越しになった理由をお聞かせください。
　　　①知人に勧められて　　　②学園祭のパンフレットを見て
　　　③会場前を通りかかって興味を持った　　　④なんとなく入ってみた

問4　当ゼミの研究発表を見た感想をお聞かせください。
　　　①とてもつまらなかった　　②つまらなかった　　③普通
　　　④ためになった　　⑤たいへんためになった

問5　当ゼミの研究発表の見やすさについて感想をお聞かせください。
　　　①おおいに不満　　②不満　　③普通　　④満足　　⑤たいへん満足

問6　1週間の運動量を教えてください。
　　　①2時間未満　　②ウォーキングなど軽い運動2時間以上
　　　③ジョギングなど激しい運動2時間以上

問7　晩酌をしますか？
　　　①はい　　②いいえ

問8　問7で「①はい」と答えた方のみお答えください。
　　　1週間のうち、休肝日（お酒を飲まない日）を決めていますか？
　　　①1日程度　　②2～3日程度　　③4日以上　　④決めていない

問9　1日の喫煙量を教えてください。
　　　①吸わない　　②5本以内　　③6本～1箱以内　　④1箱以上

問10　栄養バランスのよい食事をしていますか？
　　　①栄養バランスは気にしない
　　　②気にはしているが、できていない
　　　③はい

問11　食事を摂るとき、摂取カロリーを気にしますか？
　　　①はい　　②いいえ

問12　今後、実践しようと考えていることを教えてください。（複数回答可）
　　　①週3時間程度のウォーキング　　②休肝日の設定
　　　③間食を減らす　　④喫煙量を減らす

　　　　　　　　　　──ご協力ありがとうございました。──

188

9.3 アンケートの実施

　学園祭が行われる2日間にアンケート調査を行います。来場者は50名程度と予想されるので、60枚の調査票を印刷しておきます。発表当日には、ゼミの学生が交代で2名、会場に待機し、発表を見終わった人に声をかけ、アンケートに協力してもらいます。5～10分程度のアンケートに回答してもらい、回答後に用紙を回収します。原則として、すべての来場者を対象に記入してもらうことにしています。

　研究発表終了後、アンケートの帳票はファイルに綴じておきます。

9.3.1 アンケート集計の準備

　2日間の研究発表で、48名の来場者があり、すべての来場者にアンケートに回答してもらうことができました。

　回収した調査票は、そのままではパソコンで集計を行うことができません。パソコンで、集計するために、電子データとして入力していきます。ここから先の作業は、アンケート集計システムを使って行います。

(1) ナンバリング

　回収した調査票は、ファイルなどに綴じておきます。綴じた調査票は1枚目から順番に用紙の片隅に連続した番号を振っておきます。後でデータにエラーがあったときの修正や見直しに役立てるためですが、今回は50枚程度のアンケートですから、機械にたよらず、手書きで記入しました。

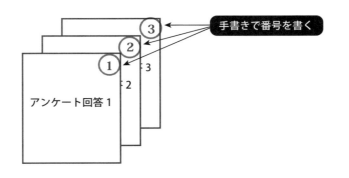

第3部　事例編

(2) データの定義

まず、最初にアンケートシステムの「定義」シートで、質問を定義します。
「定義」シートをクリックします。

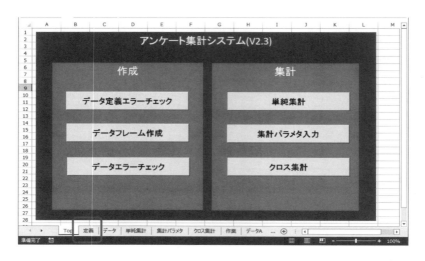

①項目名を入力する

アンケートの各質問には、問1～問12と質問番号を割り振り、その質問番号を項目名として入力します。調査票の質問番号を一致させておくと、後から見返したときに変換しなくても済むためです。

今回は、12の質問があるので、項目名には問1～問12と入力します。

第9章　学園祭研究発表の来場者アンケート

9.3　アンケートの実施

②区分を入力する

　アンケート集計マニュアルの 4.2.1 項「データ定義」を参考に、各質問の区分を入力します。

　一つ目の質問は以下のように選択肢の中から一つを選ぶ択一の質問です。したがって、区分には「SA」と入力します。問 2 ～問 3、問 6 ～問 11 も問 1 と同様に択一の質問で、区分は「SA」です。

問 1　あなたの性別を教えてください。
　　　　　①男性　　②女性

　問 4 は、以下のような発表の満足度を選択する評定項目にあてはまるため、「RA」と入力します。問 5 も同じように RA です。

問 4　当ゼミの研究発表を見た感想をお聞かせください。
　　　　　①とてもつまらなかった　　②つまらなかった　　③普通
　　　　　④ためになった　　⑤たいへんためになった

　問 12 は、複数回答が可能な質問です。区分には「MA」と入力します。

問 12　今後、実践しようと考えていることを教えてください。（複数回答可）
　　　　　①週 3 時間程度のウォーキング　　②休肝日の設定
　　　　　③間食を減らす　　④喫煙量を減らす

　区分を入力すると、以下のようになります。

項目名	区分	条件項目	条件値	最小	最大	設問	1	2
問1	SA							
問2	SA							
問3	SA							
問4	RA							
問5	RA							
問6	SA							
問7	SA							
問8	SA							
問9	SA							
問10	SA							
問11	SA							
問12	MA							

第3部　事例編

③条件項目と条件値を入力する

　問8の質問は、問7で「①はい」と答えた人を対象とした質問です。定義シートでは、問8の条件として問7、その対象は問7で①と答えた人という意味で、条件値に「1」と入力します。

問7　晩酌をしますか？
　　　　①はい　　②いいえ

問8　問7で「①はい」と答えた方のみお答えください。
　　　1週間のうち、休肝日（お酒を飲まない日）を決めていますか？
　　　　①1日程度　　②2～3日程度　　③4日以上　　④決めていない

　このように、回答するための条件がある場合は、条件項目と条件値を入力します。

	項目名	区分	条件項目	条件値	最小	最大
6						
7	問1	SA				
8	問2	SA				
9	問3	SA				
10	問4	RA				
11	問5	RA				
12	問6	SA				
13	問7	SA				
14	問8	SA	問7	1		
15	問9	SA				
16	問10	SA				
17	問11	SA				
18	問12	MA				

192

④最小値、最大値の入力

最大値として、各質問の選択肢の数を入力します。

	A	B	C	D	E	F	G	H
1								
2								
3								
4								
5								
6	項目名	区分	条件項目	条件値	最小	最大	設問	1
7	問1	SA				2		
8	問2	SA				7		
9	問3	SA				4		
10	問4	RA				5		
11	問5	RA				5		
12	問6	SA				3		
13	問7	SA				2		
14	問8	SA	問7	1		4		
15	問9	SA				4		
16	問10	SA				3		
17	問11	SA				2		
18	問12	MA				4		
19								

⑤質問と選択肢の入力

各質問の内容が分かるように要約した質問内容を設問に、また、質問に対する選択肢を選択肢の該当する番号のセルに入力します。ここで入力した内容は、集計結果を表示する際に使われるので、内容が分かりやすく、とはいえあまり長くならず、端的に入力しましょう。

	設問	1	2	3	4	5		
2	性別	男性	女性					
7	年齢	10代	20代	30代	40代	50代	60代	70代以上
4	来場理由	知人勧め	パンフレット	通りかかり	なんとなく			
5	感想	大変ためになった	ためになった	普通	つまらない	とてもつまらない		
5	みやすさ	大変満足	満足	普通	不満	おおいに不満		
3	運動量	2時間未満	軽い運動2時間以上	激しい運動2時間以上				
2	飲酒	はい	いいえ					
4	休肝日	4日以上	2～3日	1日	なし			
4	喫煙量	吸わない	5本以内	6～1箱以内	1箱以上			
3	栄養バランス	はい	気にするがいいえ	いいえ				
2	摂取カロリー	はい	いいえ					
4	健康	ウォーキング	休肝日	間食	喫煙量			

(3) データ定義チェックとデータフレームの作成

「定義」シートの入力が終わったらメニューに戻り、「データ定義エラーチェック」をクリックし、質問の定義に矛盾がないかのチェックを行います。ここではエラーがないことを確認しておきます。

193

データ定義チェックでエラーが発見されなかった場合は、メニューに戻り、「データフレーム作成」をクリックしてデータを入力するシートを作成します。データフレームを作成すると以下のようになります。

9.3.2 データの入力とエラーチェック

「データ」シートに回収したアンケートの回答を入力します。1人分の回答が1行です。未回答の箇所は空白で構いません。

このとき、9.3.1項(1)で行ったナンバリングの「1」の回答用紙のデータは、8行目のA列(「No」欄)に「1」を入力し、B列以降に回答を入力していきます。

第9章　学園祭研究発表の来場者アンケート
9.4　集計とグラフの作成

　全員分の入力が終了したら、メニューに戻り、「データエラーチェック」をクリックし、エラーチェックを行います。エラーが発見された場合は、該当する回答用紙と見比べて入力ミスがないかを確認し、修正後、再度エラーチェックを行います。

9.4 集計とグラフの作成

9.4.1 アンケート回答の集計（単純集計）

　単純集計は、「Top」シートの「単純集計」ボタンをクリックすることで行うことができます。アンケート集計システムによる単純集計の結果は以下のとおりです。単純集計では各選択肢を選んだ人数（度数）と、その下に有効回答数に対する割合が表示されます

5									
6	問1								
7	性別	男性	女性	小計					
8		25	23	48					
9		52%	48%	100%					
10									
11	問2								
12	年齢	10代	20代	30代	40代	50代	60代	70代以上	小計
13		13	8	4	6	8	6	3	48
14		27%	17%	8%	13%	17%	13%	6%	100%
15									
16	問3								
17	来場理由	知人勧め	パンフレット	通りかかり	なんとなく	小計			
18		19	14	8	7	48			
19		40%	29%	17%	15%	100%			
20									
21	問4								
22	感想	とてもつまらない	つまらない	普通	ためになった	大変ためになった	小計	平均値	
23		2	10	11	15	10	48	3.44	
24		4%	21%	23%	31%	21%	100%		
25									

9.4.2 単純集計とグラフ（円グラフ）

　上記のように、単純集計によって、各回答の選択度数と割合を知ることができますが、Excelの機能を使ってグラフを作成した方が、結果をより視覚的で分かりやすく表現することができます。

195

第3部　事例編

たとえば、問1の性別の集計結果で円グラフを作成してみることにします。

(1) 円グラフの作成

①セル範囲 B7：C8 を選択します。

②「挿入」タブ→「グラフ」→「円グラフ」→「2D」と選択します。

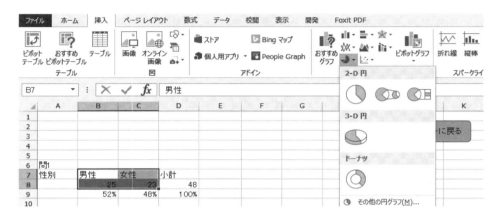

作成できた円グラフは以下のようになります。このままでは、何を示しているのか分かりませんので、グラフの編集を行います。

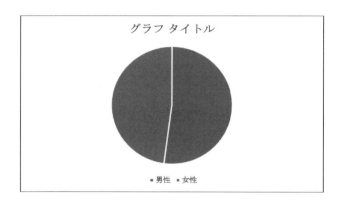

(2) 円グラフの編集

①挿入された円グラフのタイトルをダブルクリックし、タイトルを「来場者の性別」に変更します。

196

②グラフを選択し、グラフの右上の「＋」をクリックし、「データラベル」→「その他のオプション」をクリックします。

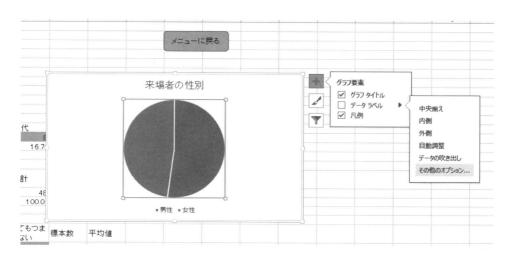

③「データラベルの書式設定」で、表示したい内容「分類名」「パーセンテージ」に ☑ を入れます。また、必要に応じて、ラベルの位置を設定しましょう。データラベルを挿入後は、グラフの下にある凡例は必要ありませんので、凡例を選択後に、Delte キーを押して削除しておきましょう。

その他、モノクロ印刷などの用途に合わせて分かりやすいように、塗りつぶしなどを修正します。

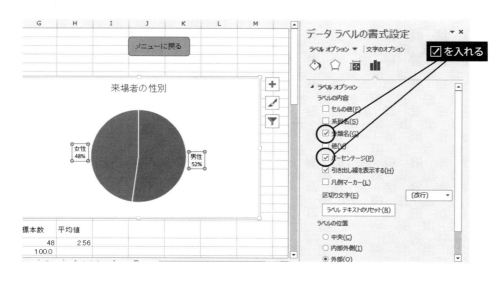

以下が完成したグラフです。

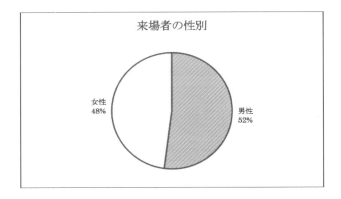

同様にして、他の項目についても、グラフを作成しておきましょう。

9.4.3 クロス集計

クロス集計を行うには、まず、「集計パラメタ」シートに集計したい項目を入力する必要があります。

(1) SA項目×SA項目

たとえば、問2の回答者の年齢と問6の運動量のクロス集計をしてみましょう。SA項目×SA項目のクロス集計です。それぞれの項目名を「集計パラメタ」シートの表側と表頭に入力すると、以下のようになります。また、テーブル名は集計結果の表示に使用されます。どの項目のクロス集計かを示す簡潔な内容にしておくとよいでしょう。

	テーブル名	表側(行)	表頭(列)	集計(Σ)	集計方法
4					
5	テーブル名	表側(行)	表頭(列)	集計(Σ)	集計方法
6	年齢と運動	問6	問2		
7	年齢と休肝日	問8	問2		
8	年齢と喫煙	問9	問2		

SA項目×SA項目のクロス集計を行った結果は、以下のようになります。それぞれの項目ごとの度数と割合が表示されます。

	A	B	C	D	E	F	G	H	I	J	K
6	年齢と運動		問2	年齢						小計	検定
7			10代	20代	30代	40代	50代	60代	70代以上		
8	問6	2時間未満	9	3	2	1	2	3	1	21	
9	運動量		43%	14%	10%	5%	10%	14%	5%	100%	
10		軽い運動2時間以上	2	2	0	2	2	0	1	9	
11			22%	22%	0%	22%	22%	0%	11%	100%	
12		激しい運動2時間以上	2	3	2	3	4	3	1	18	
13			11%	17%	11%	17%	22%	17%	6%	100%	
14		小計	13	8	4	6	8	6	3	48	
15			27%	17%	8%	13%	17%	13%	6%	100%	

メニューに戻る

(2) SA 項目 × RA 項目

問 6 の運動量と問 4 の感想についてクロス集計を行ってみましょう。

SA 項目と RA 項目のクロス集計です。表側に問 6、表頭に問 4 を設定します。他のクロス集計と同様にテーブル名も入力しましょう。

クロス集計を複数行う場合は、以下のようにまとめて「集計パラメタ」シートに指定しておきます。

	A	B	C	D	E	F
5	テーブル名	表側(行)	表頭(列)	集計(Σ)	集計方法	
6	年齢と運動	問6	問2			
7	年齢と休肝日	問8	問2			
8	年齢と喫煙	問9	問2			
9	年齢と栄養	問10	問2			
10	年齢とカロリー	問11	問2			
11	年齢と実践	問12				
12	運動量と感想	問6	問4			
13	休肝日と感想	問8	問4			
14	喫煙と感想	問9	問4			
15	栄養と感想	問10	問4			
16	カロリーと感想	問11	問4			
17	実践と感想	問12	問4			
18	感想と見やすさ	問4	問5			
19	運動と実践	問6	問12			
20	休肝日と実践	問8	問12			
21	喫煙と実践	問9	問12			
22	栄養と実践	問10	問12			
23	カロリーと実践	問11	問12			

クロス集計はメニューの「クロス集計」をクリックすると行うことができます。集計結果は、「クロス集計」シートに表示されます。

以下が、SA項目×RA項目のクロス集計を行った結果です。度数とパーセンテージの他に右端に平均も表示されています。感想は5段階の評価となっており、中心は3となります。運動量が2時間未満の平均は2.3となり、「つまらない」と評価されている方に振れています。また、激しい運動2時間以上の平均4.4と中心の3より大きいので、ためになったと評価されていることになります。

運動量と感想		問4 とてもつまらない	感想 つまらない	普通	ためになった	大変ためになった	小計	検定	平均
問6 運動量	2時間未満	2	10	9	0	0	21		2.3
		10%	48%	43%	0%	0%	100%		
	軽い運動2時間以上	0	0	2	4	3	9		4.1
		0%	0%	22%	44%	33%	100%		
	激しい運動2時間以上	0	0	0	11	7	18		4.4
		0%	0%	0%	61%	39%	100%		
	小計	2	10	11	15	10	48	**	3.4
		4%	21%	23%	31%	21%	100%		

(3) SA項目×MA項目

問11の摂取カロリーを気にするか？ という質問と問12の実践したいことに関する質問のクロス集計を行ってみましょう。SA項目×MA項目のクロス集計です。表頭にMA項目である問12と入力する必要があります。SA項目とMA項目の場合、MA項目を表頭に入力しないと正しく集計することができません。

SA 項目と MA 項目のクロス集計の結果は以下のようになります。MA は複数選択が可能な設問のため、度数は標本数を下回ったり、超えたりすることがあります。

カロリーと実践		問12	実践			
		ウォーキング	休肝日	間食	喫煙量	標本数
問11 摂取カロリー	はい	16	10	16	4	26
		62%	38%	62%	15%	100%
	いいえ	7	2	9	2	22
		32%	9%	41%	9%	100%
	小計	23	12	25	6	48
		48%	25%	52%	13%	100%
	検定	*	*			

（4）クロス集計における因果関係

クロス集計では一般的に、

- 「表側項目」には「原因」を
- 「表頭項目」には「結果」を

配置します。そこで当分析においても、仮説における原因を表側項目として、

　　　問 1 （性別）
　　　問 2 （年齢）
　　　問 6 （運動量）
　　　問 7 （飲酒）
　　　問 8 （休肝日）
　　　問 9 （喫煙量
　　　問 10 （栄養バランス）
　　　問 11 （摂取カロリー）

を指定し、仮説における結果を表頭項目として、

　　　問 4 （感想）
　　　問 5 （見やすさ）
　　　問 12 （実践）

を指定しました。数多くのクロス集計について見ていく必要がありますが、報告書、特に紙面の限られる要約においては、すべての組み合わせ結果を報告する必要はありません。

9.4.4 クロス集計とグラフ

(1) SA 項目 × SA 項目および RA 項目のグラフ作成

クロス集計の結果は、各項目間の比較ができる積み上げ横棒グラフを使うと、視覚的に分かりやすく表現することができます。

問6と問4のクロス集計の結果をもとに積み上げ横棒グラフを作成してみましょう。グラフ作成には、集計結果の度数が入力されたセルを使います。セル範囲 B95：G96、B98：G98、B100：G100 を選択します。離れたセルの選択は、Ctrl キーを使います。まず、セル範囲 B95：G96 をドラックで選択し、次に、Ctrl キーを押しながら、残りのセル範囲をドラックして選択していきます。

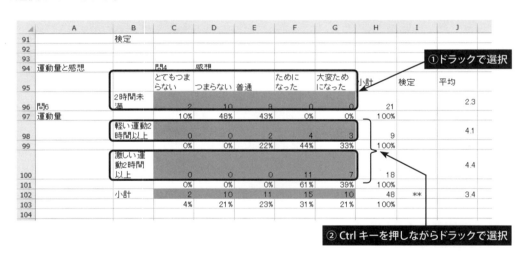

「挿入」タブ→「グラフ」→「横棒グラフの挿入」→「積み上げ横棒」をクリックします。

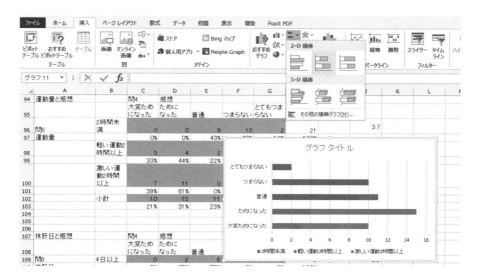

グラフの挿入後にグラフタイトルや塗りつぶしなどを変更します。
以下が完成したグラフです。

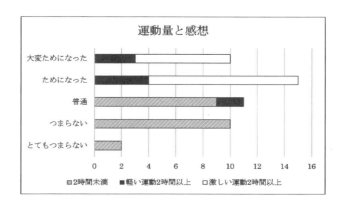

(2) SA 項目 × MA 項目のクロス集計結果のグラフ作成

SA 項目と MA 項目のクロス集計結果は、「クロス集計」シートに以下のように表示されます。グラフは、ここでも積み上げ縦棒グラフ、または積み上げ横棒グラフを使うとよいでしょう。

グラフ作成に使うセルは、セル範囲 B194：F195、B197：F197、B199：F199 です。範囲選択後に、「挿入」タブ→「グラフ」→「横棒」→「積み上げ横棒」をクリックします。

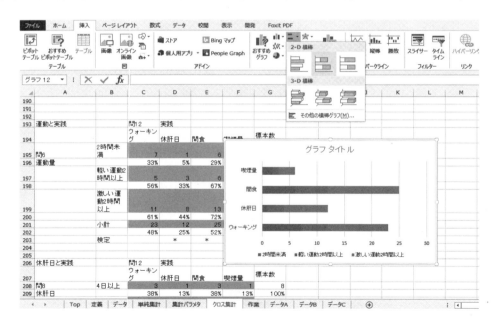

完成したグラフは以下のようになりますが、運動量と今後実践したいことの関連性を見る場合には、このグラフでは分かりやすいとはいえません。そこで、グラフの x 軸と y 軸を入れ替えてみましょう。

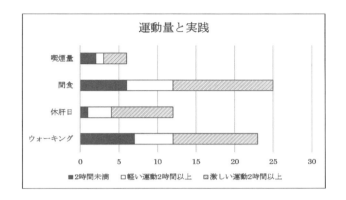

グラフを選択し、「グラフツール」→「デザイン」タブ→「行 / 列の切り替え」をクリックします。

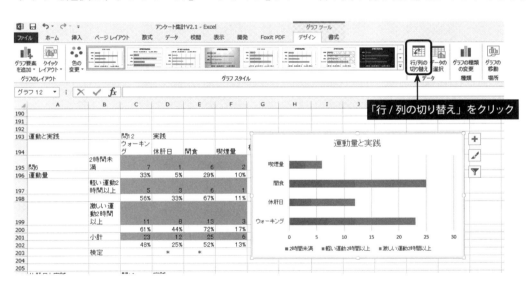

x 軸と y 軸を入れ替えた結果、以下のグラフが完成します。運動量の多い人ほど、実践したいことを多数あげていることが分かります。

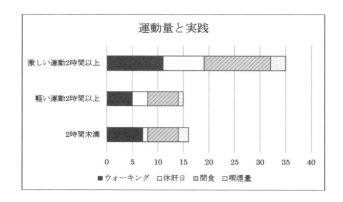

9.5 報告書の作成

アンケート結果の集計やグラフの作成が終わったら、報告書には以下の順でまとめていきます。

①アンケートの概要説明（目的や仮説）
②回答者の属性
③単純集計の結果
④クロス集計の結果
⑤考察

最初に、アンケートの概要として、目的、背景、アンケート方法や期間などを書きます。9.1節「アンケートの企画」で取り組んだ「学園祭研究発表の来場者アンケート企画書」のようなものを作っておけば、実際の回答者数などの実施状況を追加する程度で済みます。

次に、回答者の属性についての集計結果を示します。年齢や性別、所属など、グラフを使うなどしてまとめましょう。

アンケートの集計結果は、単純集計、クロス集計の順にまとめます。単純集計はすべての項目について、クロス集計は注目したい結果がある組み合わせのみまとめるのが一般的です。値を示すだけでなく、グラフを使って視覚的にも分かりやすくしましょう。

今回の事例では、「健康に関する意識の高い人ほど、発表内容の評価が高い」という仮説を設

定しています。アンケートの設問のうち、問4の発表への感想と問6〜問12の健康意識に関する設問のクロス集計結果が、設定した仮説を検証するために行った分析です。つまり、これらの結果は、報告書に欠かせない内容です。いくつか設定した仮説のそれぞれについて、グラフとグラフから読み取れることを述べていきます。

　最後の考察では、設定した仮説を検証できた否か、今後への展開や、問題点などを書きます。仮説設定の重要性は第2章でも述べていますが、仮説が設定してあれば、報告書の作成の方向性もおのずと決まってくるというわけです。

　では、完成した報告書を見てみましょう。

9.5.1 アンケート調査の概要

(1) 題名

　岩田ゼミ研究発表の来場者アンケート報告書

(2) アンケートの目的

　岩田ゼミでは、「健康に関する意識の向上」をテーマとして研究しており、今年の学園祭では「家庭でできる健康管理」をテーマに研究発表を行いました。この研究発表を見てくださった方を対象にアンケート調査を行い、発表に対する評価、健康に対する意識の変化について、以下の仮説を明らかにしたいと考えています。また、この結果を踏まえて、来年度以降の研究発表の方向性や改善点なども明らかにしたいと考えています。

- 健康に関する意識は、年齢や性別によって変化する
- 健康に関する意識の高い人ほど、発表内容の評価が高い
- 健康に関する意識の高い人ほど、研究発表が健康意識を高揚させる
- 研究発表の内容への評価と方法への評価は一致しない

(3) 実施状況

- 調査対象　学園祭の岩田ゼミの研究発表を閲覧したすべての来場者
- 調査方法　研究発表の会場出口に回答スペースを作り、その場でアンケートに回答してもらう
- 調査期間　2015年11月2日〜3日

● 回収状況　研究発表の来場 48 名中 48 名が回答

9.5.2 来場者のプロフィール

(1) 来場者の属性

　問 2（性別）の単純集計より、来場者の性別は以下のとおりで、比率はほぼ半々となっています。

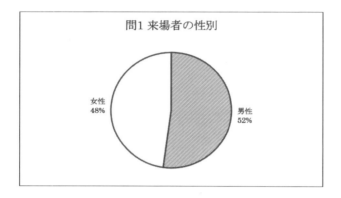

　また、問 2（年齢）より、来場者の年齢は、以下のグラフのように 10 代が一番多く、20 代と 50 代が次に多くなっています。学園祭ということもあり、10 代、20 代が半数近くを占めています。

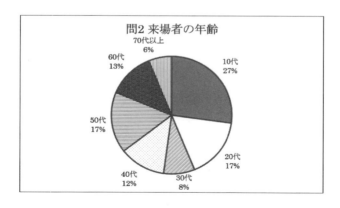

　同様に、問 3（来場理由）から、研究発表への来場理由は、「知人の勧め」が最も多く 40％、

次に「学園祭のパンフレットを見て」が29％となっています。「会場前を通りかかって興味を持った」が17％、「なんとなく入ってみた」が14％となっています。

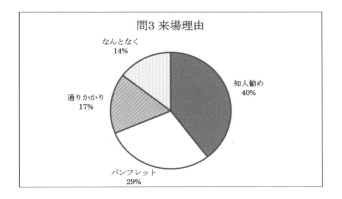

(2) 研究発表に対する評価

問4(感想)の単純集計では、当ゼミの研究発表を見た感想は、「大変ためになった」が21％、「ためになった」が31％となっていて、半数の人がためになったと答えています。また、「つまらない」「とてもつまらない」と答えた人が合わせて25％ほどいます。

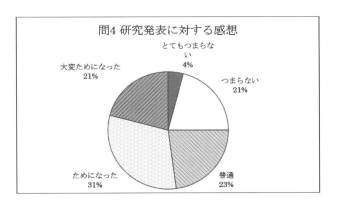

問5（見やすさ）の単純集計では、「大変満足」が15％、「満足」が37％と約半数が見やすいと答えています。一方で、「不満」と答えた人も20％近くいます。

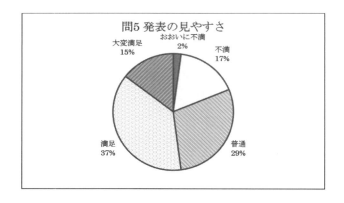

(3) 来場者の健康に関する意識について

問6（運動量）の単純集計より、1週間の運動量が「2時間未満」の人が44％、「ウォーキングなどの軽い運動2時間以上」と答えた人が19％、「ジョギングなどの激しい運動2時間以上」と答えた人が37％となっています。

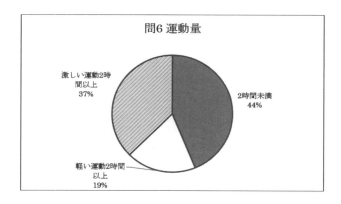

問 7（飲酒）では、研究発表の場が大学であり、未成年もいる場所のためか、飲酒の割合は 52％となっています。

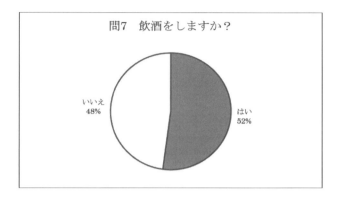

問 8（休肝日）は問 7（飲酒）で「はい」と答えた人を対象としているため、飲酒をすると答えた人のうち、週に「4 日以上」休肝日を設けている人が 32％、週に「2〜3 日」の休肝日を設けている人が 32％、週に「1 日」設けている人が 24％となっています。休肝日を設けていない人も 12％います。全体としては、休肝日を設けている人が多いといえます。

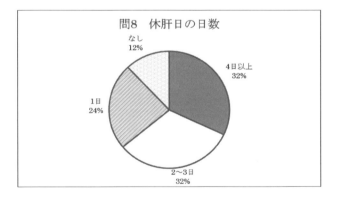

問9（喫煙量）では、たばこを吸わない人が56％、吸う人でも「5本以内」と少ない人が21％となっています。

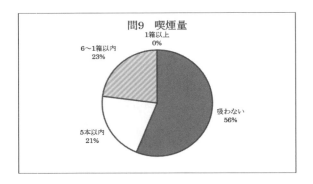

問10（栄養バランス）では食生活において、栄養バランスについて気にする人が60％いるが、気にはするものの、実際にはできていないと答えた人が31％います。

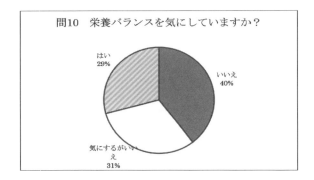

問11（摂取カロリー）では、食事の摂取カロリーを気にしている人は約半数です。

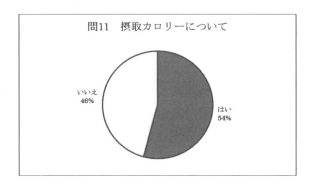

問12（今後の実践）では、研究発表を見て、健康に関することがらのうち、実践しようと考えていることを複数回答で答えてもらいました。ウォーキングなどの軽い運動と答えた人が23名、間食をやめると答えた人が25名となっています。また、飲酒をするという人の約半数が休肝日の設定をしたいと回答しています。

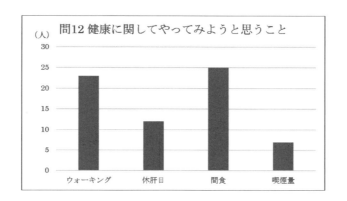

9.5.3 健康に関する意識と研究発表に対する感想について

問6（運動量）から問11（摂取カロリー）までの健康に関する意識に関する回答を表側項目（原因）に、問4（研究発表に対する感想、以下、感想）の回答を表頭項目（結果）に、クロス集計を行いました。

(1) 問6（運動量）×問4（感想）

問6で運動量が2時間未満と答えた人の問4の研究発表の感想に対する平均値2.3と評定平均の3に届かず、逆に、運動量は激しい運動を2時間以上と答えた人の平均値は4.4となっています。運動量の多い人ほど、研究発表に高い評価をしているといえます。

この結果については、カイ二乗検定の結果、有意水準1％で、帰無仮説が棄却できます。すなわち、感想と運動量に何らかの関係があるといえます。

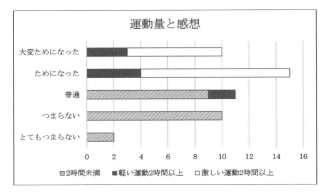

(2) 問8（休肝日）×問4（感想）

問8の休肝日の設定日数と問4の研究発表の感想でクロス集計を行った結果、休肝日がないと答えた人の感想の平均値は2.0で、休肝日を設けている人の平均値は、いずれも評定平均の3を超えています。

休肝日	平均
4日以上	3.3
2～3日	4.3
1日	3.8
なし	2.0

グラフを見ても、以下のように休肝日を設けている人の方が、研究発表を高く評価していることが分かります。

この結果についても、カイ二乗検定の結果、「**」となっており、有意水準1％で、帰無仮説が棄却でき、感想と休肝日に何らかの関係があるといえます。

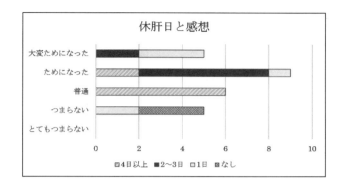

(3) 問9（喫煙量）×問4（感想）

　問9の喫煙量と問4の研究発表に関しての感想でクロス集計を行った結果、煙草を吸わない、または、1日5本以内と答えた人の感想の平均値は3.8となっています。また、煙草を1日6本～1箱と答えた人の平均値は2.3となっています。グラフからも発表を高く評価している人の方が喫煙量が少ないことが分かります。

喫煙量	平均
吸わない	3.8
5本以内	3.8
6本～1箱以内	2.3
1箱以上	－

　この結果については、カイ二乗検定の結果、「*」となっており、有意水準5％で、帰無仮説が棄却でき、感想と喫煙に何らかの関係があるといえます。

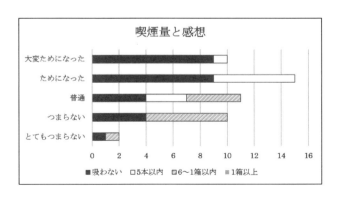

(4) 問 10 (栄養バランス) × 問 4 (感想)

問 10 の食事の栄養バランスを気にするかと、問 4 の研究発表の感想でクロス集計を行った結果、栄養バランスを気にしないと答えた人の感想の平均値は、2.4 と評定平均より小さく、逆に栄養バランスを気にしている人の平均値は、評定平均の 3 より大きくなっています。

栄養バランス	平均
いいえ	2.4
気にするがいいえ	3.9
はい	4.4

また、グラフからも発表を高く評価している人は、栄養バランスにも気を配り、実際に栄養バランスの良い食事をしていることが分かります。

この結果については、カイ二乗検定の結果「**」となっており、有意水準 1％で、帰無仮説が棄却でき、感想と栄養に何らかの関係があるといえます。

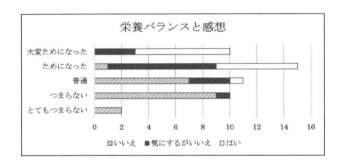

(5) 問 11 (摂取カロリー) × 問 4 (感想)

問 11 の食事の摂取カロリーと研究発表の感想でクロス集計を行った結果、カロリーを気にしている人の感想の平均値は 4.0、気にしてない人の平均値は 2.7 となっています。またグラフを見ると、「大変ためになった」「ためになった」と答えた人の方が、摂取カロリーを気にしている（はい）ことが分かります。

カロリー	平均
はい	4.0
いいえ	2.7

この結果については、カイ二乗検定の結果「**」となっており、有意水準1％で、帰無仮説が棄却でき、感想とカロリーに何らかの関係があるといえます。

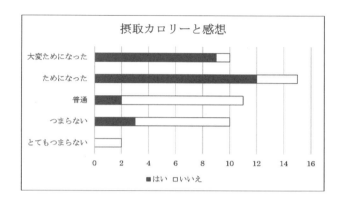

以上の(1)～(5)のクロス集計の結果、運動や飲酒、喫煙、食事の栄養バランスや摂取カロリーなどの健康意識に関する設問において、気にかけている、何か実践している、すなわち健康意識の高い人の方が当ゼミの研究を高く評価しているといえます。

9.5.4 感想と実践したいこと

問4（感想）×問12（今後の実践）のクロス集計を行った結果、発表を高く評価している人の方が、実践したいこととして多くのことをあげていることが分かりました。

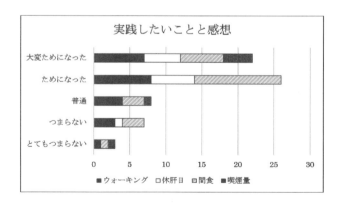

9.5.5 感想と見やすさ

　問4（感想）×問5（見やすさ）についてクロス集計を行ってみた結果、2つの項目の間に特に関係は見られない、つまり、見やすさが評価には直結してないことが分かります。

　この結果については、カイ二乗検定の結果、有意水準5％でも、帰無仮説は棄却できません。すなわち、感想と見やすさは独立であり、関係があるとはいえません。

感想と見やすさ		問5 みやすさ					小計	検定	平均
		おおいに不満	不満	普通	満足	大変満足			
問4 感想	とてもつまらない	0	1	1	0	0	2		2.5
		0%	50%	50%	0%	0%	100%		
	つまらない	0	1	5	2	2	10		3.5
		0%	10%	50%	20%	20%	100%		
	普通	0	2	6	3	0	11		3.1
		0%	18%	55%	27%	0%	100%		
	ためになった	1	1	1	9	3	15		3.8
		7%	7%	7%	60%	20%	100%		
	大変ためになった	0	3	1	4	2	10		3.5
		0%	30%	10%	40%	20%	100%		
	小計	1	8	14	18	7	48		3.5
		2%	17%	29%	38%	15%	100%		

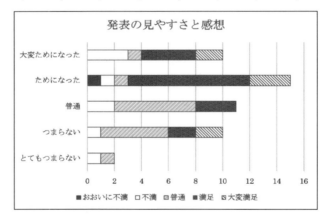

9.5.6 健康に関する意識と動機づけの関連について

　問6（運動量）から問11（摂取カロリー）までの健康に関する意識に関する回答を表側項目（原因）に、問12（今後の実践）の回答を表頭項目（結果）に、クロス集計を行いました。

(1) 問6（運動量）×問12（今後の実践）

問6の1週間の運動量と問12のこれから実践したいと思うことについてクロス集計を行った結果、激しい運動を2時間以上している人の方が、運動をしていない人より、「間食を減らす」「ウォーキングなどの運動」「休肝日の設定」などの実践したいことが多くなっています。

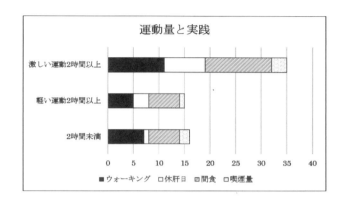

(2) 問8（休肝日）×問12（今後の実践）

問8の休肝日の設定と、問12のこれから実践したいことついてのクロス集計を行いました。休肝日を週2～3日設定している人では、「軽い運動」「休肝日の設定」「間食を減らす」といったことを実践したいと答えた人が多くなっています。また、休肝日を週1日では、「休肝日の設定」をあげている人が多く、休肝日を設定していない人は、実践したいことをあげた人が少なくなっています。

すでに休肝日を設定している人の方が、休肝日がない人より、実践したい項目は多くなっていることが分かります。

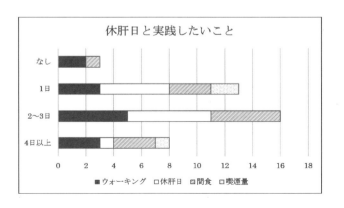

（3）問9（喫煙量）×問12（今後の実践）

　問9の1日の喫煙量と問12のこれから実践したいと思うことについてクロス集計を行いました。喫煙しないと答えた人では、「ウォーキングなどの軽い運動」「間食を減らす」を実践したいと答えた人が多く、喫煙量が多い人ほど、実践したいことが減っています。

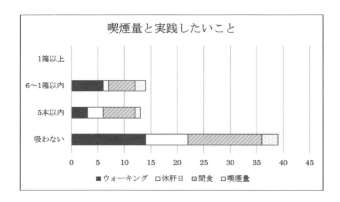

（4）問10（栄養バランス）×問12（今後の実践）

　問10の食事をする際の栄養バランスと問12の実践したいことでクロス集計を行いました。栄養バランスについて気にしている人は、ウォーキングや間食を減らすということを実践したいと答えている人が多くなっています。また、栄養バランスを気にしてないと答えた人では、実践したいことがらが少なくなっています。

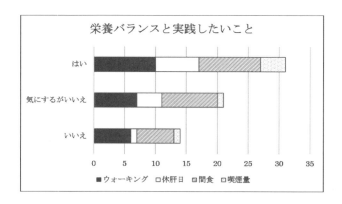

(5) 問11（摂取カロリー）×問12（今後の実践）

　問11の摂取カロリーを気にしているかと、問12のこれから実践したいことについてクロス集計を行いました。摂取カロリーを気にしていると答えた人では、ウォーキングや間食を減らす、休肝日を設定するといった項目をあげた人が多くなっています。摂取カロリーを気にしてないと答えた人では実践したいことを答えた人が少なくなっています。

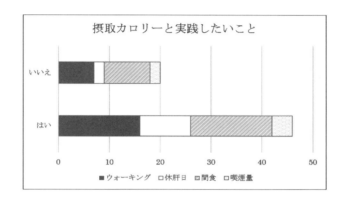

9.5.7 考察

　研究発表の来場者はおよそ50人で、学園祭の来場者8,000人に対して0.625％と1％に満たない状況です。学園祭では、ステージイベントや模擬店に目が行きやすく、屋内で行われる研究発表は地味な目立たない存在かもしれません。さらに来場者に配布される総合パンフレットは盛りだくさんで埋没してしまい、これまでのように総合パンフレットに掲載しているだけでは、健康意識の重要性が来場者に十分伝えられていないことが危惧されます。したがって、学園祭の会場にポスターを貼ったり、チラシを配ったりするなど、学園祭に来ている人への積極的なアピールを行うといった研究発表会場まで足を運んでいただくための努力を検討する必要がありそうです。

　しかも、研究発表の来場者内訳では、在校生やその友人と思われる10代、20代といった若者が来場者の半分近くを占めている一方で、40代、50代、60代などの年配者がそれぞれ10％以上いることも事実です。さらに多くの年配者に来ていただくためにも、以下のような対策が重要と思われます。

第3部　事例編

- 健康管理に意識を向けてもらう意識向上が重要であること
- 健康管理が家庭でできること
- 学園祭のパンフレットによる案内ばかりでなく、ポスターやチラシなどを活用して、多くの来場者に訴えること

　また、研究発表の見やすさと感想には関係なく、健康に関心を持つ人は興味をもって発表を見てくれています。すでに運動や休肝日の設定、食事の栄養バランスやカロリーについて気を使うなど、健康に関する意識の高い人の方が、研究発表を高く評価していることが分かりました。また、これから実践したいことがらについても、健康に関する意識の高い人ほど、多くの項目をあげています。健康に関心を持っている人ほど、研究発表を見て動機づけられているようです。

　今後は、より効果的な健康維持、管理対策やその効果など、より踏み込んだ発表を検討する必要があるようです。

第10章
社員食堂の満足度調査

10.1 アンケート調査の企画

10.1.1 背景

　わが社の社員食堂は、細々と営業しているものの、年々その利用者が減少し続けており、このまま推移すれば、会社からの補助金頼みで、営業できなくなることが危惧されています。コンビニ弁当や、おにぎり、インスタントラーメンの充実など、昼食そのものが多様化する一方で、健康志向の高まりから自作の弁当派も増加傾向にあり、社員食堂にとっては向かい風が吹き荒れています。

　しかしながら、すべての社員食堂が経営上の危機に瀕しているわけではなく、中には、人気を集める社員食堂も、報告されています。つまり、社員食堂そのものが、その使命を終えたのではなく、やり方によっては、「息を吹き返すことも可能ではないのか」という前提に立って、その方向性を見出そうというわけです。

10.1.2 調査目的

　最終的には、「社員食堂をどう改善すれば、経営を立て直せるか」その方向性を明らかにすることが目的ですが、そのために、

第3部　事例編

- 社員食堂の利用に当たって、どのような不満要因が存在するのか
- どのような不満要因が改善されれば、また社員食堂を利用してもらえるのか

を明らかにするために、アンケート調査をすることにしました。特に、ここでは、利用者がどう評価しているのかもさることながら、利用しない人にも意見を聞きたいと考えています。

10.1.3 調査仮説の設定

日頃、社員食堂を利用している人は、

- 社員食堂の提供する料理は「美味しい」
- 社員食堂の提供する料理は「早い」
- 社員食堂の提供する料理は「安い」
- 社員食堂の提供する料理の「ボリューム」は十分
- 社員食堂の提供する料理に使用している「食材へのこだわり」
- 社員食堂の提供する料理の「見た目」が美味しそう
- 社員食堂の提供する料理は「ヘルシー」
- 社員食堂の「メニューが充実している」
- 社員食堂で食事をするための「空席」がすぐに見つかる
- 社員食堂に「一人」でも入りやすい
- 社員食堂に「清潔感」を感じている
- 社員食堂の従業員の「接客マナー」がよい

というように評価していることが想定されます。逆に、社員食堂を利用していない人は、以上の評価要素に何らかの不満を抱いているのではないか、そこから、社員食堂の改善方策が導き出せるのではないか、というわけです。

10.1.4 調査対象者の選定

この調査では、上記の目的を達成するために、社員食堂にアンケート調査票を置いておき、昼食を食べながら記入してもらいます。出口で回収するのではなく、全社員を対象にします。特に、社員食堂をよく利用する人はもちろんのこと、あまり利用しない人にも協力してもらうためです。

10.1.5 調査方法の決定

ここでは、次の2案を検討しました。

A案

　社内報の裏表紙に、アンケート調査票を印刷して配布し、回答後の調査票は、社員専用の通用門に置く「回収箱」に投函してもらうという方法です。

B案

　社内ポータルのアンケート調査を利用して、社内向けWebページに設定したアンケート調査のバナーから入り、回答してもらう方法で、

- 社内ポータルは社員しか入れないセキュリティによって保護されている
- 社員番号をベースとしているので、同一人物の回答が複数集まることはない
- Webアンケートでは、エラーを含まない電子データとして回収できる

など、多くの利点が期待できます。

　以上から、B案のWebアンケートを利用することにしました。何といっても、回答を紙ベースで回収し、データ入力、エラーチェックをする必要がなく、エラーのない電子データとして回収できるためです。

---

1. 調査テーマ
   社員食堂に関する顧客満足度調査

2. 調査の目的
   低迷する社員食堂の利用者の顧客満足度を調べることにより、社員食堂の利用者の増加を目指すための改善案を提案することを目的としています。

3. 既存調査資料の収集、分析
   多機能化する社員食堂の実態に関する調査、産労総合研究所、2012年
   ビジネスパーソンのランチと社員食堂に関する調査、マルハニチロホールディングス、2013年

第3部　事例編

4. 調査仮説

　社員食堂は、①美味しさ、④ボリューム、⑤食材、⑧ヘルシーなど提供する食事に関する直接的な要素だけでなく、②早さ、③安さ、⑥見た目、⑦メニューの充実度などの提供する食事に関する間接的な要素や、⑨席待ちがない、⑩1人でも行きやすい、⑪清潔感、⑫スタッフの接客などの環境的な要素によって評価されているという前提に立って、社員食堂の総合評価を回復するためにどの評価要素を改善すべきかを明らかにします。

5. 調査方法

　社内ポータルのWebアンケート調査によって行います。

　ただし、アンケート調査への協力依頼については、社内報やポスター、一斉同報メールを活用するなど、その周知に努めることとします。

6. 調査対象

　全従業員を対象とし、社員食堂を頻繁に利用している人はもちろん、あまり利用していない人にも協力を要請します。

7. 報告書の概要

　社員食堂についての総合評価と、安い、美味しい、早い…など個別の評価要素との関係を明らかにするとともに、そこから社員食堂の改善案を提案することを目標としています。

8. スケジュール

調査企画	今年度4月〜5月
詳細設計	今年度6月〜7月
調査期間	今年度8月〜9月
結果の分析と報告書作成	今年度10月〜3月

第10章　社員食堂の満足度調査
10.2　アンケート調査の設計

10.2 アンケート調査の設計

10.2.1 回答者属性についての質問

　回答者属性、いわゆるフェースシート項目については、必要最小限以下の2項目に絞ることにしました。

項目	1	2	
性別	男	女	
年齢	35歳未満	35歳以上 45歳未満	45歳以上

　他に、家族構成や健康状態を聞くべきだという意見もありましたが、どこまで正確なデータが収集できるかという不安もさることながら、回答者の負担を考慮して取りやめました。

10.2.2 社員食堂についての総合評価

　ここでは、社員食堂をどのように評価しているかをストレートに質問するよりも、実際にどの程度利用しているかという実態を調べたいということに取り組みました。しかし、どの程度利用しているかという実態調査には厄介な問題を含んでいました。

　たとえば、「毎日利用している」という回答は、毎日会社に出勤している人が対象で、たとえば、月の半分は出張や外勤で外に出ている人にとっては回答しにくいことになります。また、社員食堂を何回利用したかという質問にしても、過去に関する質問で「これから」も「これまで」と同じように利用する保証はありません。

　これらの問題を避けるために、過去よりも将来に目を向ける意味で、ここでの総評評価は以下のような「利用願望」を聞くことにしました。

　すなわち、社員食堂を「利用したい」「できれば利用したい」と回答する人は、社員食堂を肯定的に評価し、「利用したくない」「できれば利用したくない」と回答する人は否定的に評価していると解釈することにしました。

227

第3部　事例編

綜合評価

項目	1	2	3	4	5
利用願望	利用したいとは思わない	できれば利用したくない	どちらともいえない	できれば利用したい	利用したい

10.2.3 社員食堂についての個別評価要素

　総合評価を構成する要因を、個別要素として抽出します。すなわち、肯定的であろうと否定的であろうと、その原因となる評価要素です。ここでは、どの質問も以下のような評定項目としました。

回答	1	2	3	4	5
意味	たいへん不満	やや不満	どちらともいえない	やや満足	たいへん満足

①美味しさ

　　美味しければ、また「利用したい」につながるのではないか、というわけです。

②早さ

　　いくら美味しくても、長蛇の列に並ぶのは時間の無駄だとすれば、「早い」方がまた「利用したい」につながるのではないか、というわけです。

③安さ

　　いくら美味しくても、早くても、高いのでは毎日続けることは難しいとすれば、「安い」方がまた「利用したい」につながるのではないか、というわけです。

④ボリューム

　　いくら美味しくても、早くても、安くても、食べた実感すなわち適度な満腹感がなければ食べた気がしないという不満につながり、適度な「ボリューム」が必要ではないか、というわけです。

⑤食材

　　いくら早くても、安くても、使用する食材への配慮、こだわりが美味しさや安心感につながり、また「利用したい」につながるのではないか、というわけです。

⑥見た目

　　料理は目で楽しむといわれるように、見た目も重要です。見た目や盛り付けが乱暴では、美味しいものも美味しく見えないために、評価を下げる要因となり得ます。

⑦メニューの充実度

　いつも決まった固定的なメニューでは厭きてしまうために、社員食堂から遠のいてしまうことが考えられます。

⑧ヘルシー

　近年、食生活へのこだわりは、生活習慣病として高血圧や、糖尿病、脂質異常症などの生活習慣病の主な要因として注目され、食へのこだわりが高まっています。単に、美味しい、満腹感が得られるだけでは、十分とはいえません。

⑨席待ち

　かつての社員食堂のイメージは、まずランチを入手するまで長い行列に並び、会計を済ませて、いざ食べようという前に、空席を探すことになります。空いていればいいのですが、空席がなければ空きそうな席にメボシをつけて待つことになります。このように、社員食堂＝行列＝待つ、というイメージがつきまとい、敬遠される大きな要因となっています。

⑩一人でも行きやすい

　やはり席に関して、一人ではどうしても相席となることが多く、最悪の場合は、会いたくない人と食事をしなければならないというケース以外にも、一人では行きにくい面を持っているのは事実のようです。

⑪清潔感

　これもかつての社員食堂のイメージとして、暗い、汚い、があります。高級レストランのように豪奢な必要はないかもしれませんが、食事をする以上、清潔感は必要なのではないでしょうか。

⑫スタッフの接客

　これも高級レストランのような対応が必要だというよりも、「食べさせてもらうのだから文句をいうな」というような高飛車な態度では食欲も減退してしまいそうです。

以上のような個別の評価要素が、総合評価にどのように影響し、逆に、総合評価はどの評価要素によって決定づけられるのかを明らかにしようというわけです。

第3部　事例編

10.2.4 協力依頼文

社員食堂に関する顧客満足アンケート調査

【調査ご協力のお願い】

　毎日のお仕事、お疲れ様です。現在、私たちは、社員食堂の改革改善に取り組んでいます。ただし、それは単なるペンキの塗り直しのような改装ではなく、多くの社員の皆様に利用していただけるような、社員食堂のあるべき姿を目指す「改革」です。

　つきましては、日頃、社員食堂をご利用されている皆様はもちろんのこと、日頃、社員食堂を利用されていない皆様からも、広くお意見を賜り、改革の方向性を示す資料としていかすため、アンケート調査を実施することにいたしました。

　そこで、調査の実施にあたっては、全社員にご協力いただくことといたしました。ただし、ご記入いただいた内容は、無記名の上、すべて統計的に処理いたしますので、ご回答いただいた方のご回答内容や個人情報が特定されることは一切ございません。ぜひ率直なご意見をお聞かせください。

　お忙しいところたいへん恐縮ですが、調査の趣旨をご理解いただき、

9月31日までに

ご回答くださいますようお願い申し上げます。

平成28年8月1日

社員食堂改革改善プロジェクト

プロジェクト・リーダー　小田真由美

【ご回答にあたってのお願い】

　すべての質問には選択肢が用意されていますので、該当する選択肢をお選びください。

　各質問ごとに回答を選択すると、それ以外の選択肢は選択できなくなります（各質問1回答）。

　ご記入が済みましたら、最後に「送信」ボタンを一度だけクリックしてください。

10.2.5 質問票の最終確認

以上により、以下の質問票により調査を行うことにしました。

Ⅰ. まず、あなたご自身について伺います。

F1　性別

　　○男　　　○女

F2　年齢

　　○35 歳未満　　○35 歳以上 45 歳未満　　○45 歳以上

Ⅱ. 次に、現在の社員食堂の総合評価について伺います。

Q1　貴方は現在の社員食堂をどのように評価されますか？

　　利用したいか、利用したくないかでお答えください。

　　○利用したくない　　○できれば利用したくない　　○どちらともいえない

　　○できれば利用したい　　○利用したい

Ⅲ. 最後に、現在の社員食堂についての個別評価について伺います。

Q2　現在の社員食堂で提供される料理の「美味しさ」は

　　○たいへん不満　○やや不満　○どちらともいえない

　　○やや満足　○たいへん満足

Q3　現在の社員食堂で提供される料理の「早さ」は

　　○たいへん不満　○やや不満　○どちらともいえない

　　○やや満足　○たいへん満足

Q4　現在の社員食堂で提供される料理の「安さ」は

　　○たいへん不満　○やや不満　○どちらともいえない

　　○やや満足　○たいへん満足

Q5　現在の社員食堂で提供される料理の「ボリューム」は

　　○たいへん不満　○やや不満　○どちらともいえない

　　○やや満足　○たいへん満足

Q6　現在の社員食堂で提供される料理に利用されている「食材」は

　　○たいへん不満　○やや不満　○どちらともいえない

　　○やや満足　○たいへん満足

Q7　現在の社員食堂で提供される料理の「見た目」は

第3部　事例編

　　　　　　　○たいへん不満　○やや不満　○どちらともいえない
　　　　　　　○やや満足　○たいへん満足

Q8　現在の社員食堂で提供されるメニューの「充実」度は
　　　　　　　○たいへん不満　○やや不満　○どちらともいえない
　　　　　　　○やや満足　○たいへん満足

Q9　現在の社員食堂で提供される料理の「ヘルシー」度は
　　　　　　　○たいへん不満　○やや不満　○どちらともいえない
　　　　　　　○やや満足　○たいへん満足

Q10　現在の社員食堂の「席待ち」の状況は
　　　　　　　○たいへん不満　○やや不満　○どちらともいえない
　　　　　　　○やや満足　○たいへん満足

Q11　現在の社員食堂の「清潔感」は
　　　　　　　○たいへん不満　○やや不満　○どちらともいえない
　　　　　　　○やや満足　○たいへん満足

Q12　現在の社員食堂の「スタッフの接客」は
　　　　　　　○たいへん不満　○やや不満　○どちらともいえない
　　　　　　　○やや満足　○たいへん満足

以上

10.3 アンケート調査の実施

　今回のアンケート調査は、社内向けポータルによる Web アンケートによるので、社内報や、一斉同報メールで、アンケート調査への協力を依頼すれば、あとはサーバーに回答データが集まるのを待つだけです。アンケート調査に関する問い合わせもほとんどないままま、締切を迎えることとなりました。

　Web アンケート調査ではデータが電子的に回収されるので、調査票の整理、目視エラーチェック、データ入力、入力データのエラーチェックといった工程を省くことができます。

第10章 社員食堂の満足度調査
10.4 集計と分析

10.3.1 回収サンプルの確認

二か月間の調査期間に寄せられた回答は、以下のとおりでした。

▲	A	B	C	D	E	F
4						
5						
6	F1					
7	性別	男	女	小計		
8		185	158	343		
9		53.9	46.1	100.0		
10						
11	F2					
12	年齢	35歳未満	45歳未満	45歳以上	小計	
13		173	97	73	343	
14		50.4	28.3	21.3	100.0	
15						

　これは、全社員（413人）の83%に相当し、ほぼ、全社員の総意を表し、また、性別年齢構成においても、全社員の構成をそのまま継承しているものと評価できます。

性別年齢		F2	年齢			検定
		35 歳未満	45 歳未満	45 歳以上	小計	
F1	男	78	62	45	185	
性別		42%	34%	24%	100%	
	女	95	35	28	158	
		60%	22%	18%	100%	
	小計	173	97	73	343	
		50%	28%	21%	100%	

10.4 集計と分析

10.4.1 総合評価

総合評価は以下の評定項目によるもので、

3 未満　　否定的な評価

3　　　　　中間的な評価

第3部　事例編

　３超　　　　肯定的な評価

　総合評価の評定平均は「3.29」であり、どちらかといえば肯定的に評価されています。

Q1 総合評価	利用したいとは思わない	できれば利用したくない	どちらともいえない	できれば利用したい	利用したい	標本数	平均値
	44	48	56	155	40	343	3.29
	12.8	14.0	16.3	45.2	11.7	100.0	

　この総合評価を、性別・年齢別に見てみると、性別ではそれほどの差は見られないもいのの、年齢が上がるにつれて肯定的に評価されています。それは年齢が下がるにつれて否定的になることでもあります。

総合評価	平均	F2	年齢		小計	標本数
		35歳未満	45歳未満	45歳以上		
F1	男	3.0	3.3	3.9	3.3	185
性別						
	女	3.0	3.5	3.9	3.2	158
	小計	3.0	3.4	3.9	3.3	343

　なお、上記のクロス集計表は、総合評価（RA項目）をクロス集計するために、以下の集計パラメタによって集計したものです。

テーブル名	表側（行）	表頭（列）	集計（Σ）	集計方法
総合評価	F1	F2	Q1	平均

10.4.2 個別要素

　以下は、各個別要素の評定平均を降順に並べたものです。

質問項目	評定平均
⑩一人でも行きやすい	3.05
⑦メニューの充実度	3.03
⑫スタッフの接客	2.97

⑥見た目	2.92
⑨席待ちがない	2.92
②早さ	2.91
⑤食材	2.76
④ボリューム	2.73
⑪清潔感	2.71
③安さ	2.45
⑧ヘルシー	2.45
①美味しさ	2.19

　「⑪清潔感」「⑩一人でも行きやすい」「⑦メニューの充実度」「⑫スタッフの接客」など、提供する食事そのものよりも、環境的な要素で高得点、すなわち肯定的に評価されていますが、「⑪清潔感」だけは点数が上がらず、否定的に評価されています。

　最も評価の良かった「⑩一人でも行きやすい」について、性別年齢別に見てみると、若干、「男性」の評価が「女性」を上回っているものの、年齢が上がるほど、評価が肯定的になる様子が伺えます。

⑩一人でも行きやすい	平均	F2	年齢		小計	標本数
		35歳未満	45歳未満	45歳以上		
F1	男	2.9	3.4	3.6	3.2	185
性別						
	女	2.7	3.2	3.1	2.9	158
	小計	2.7	3.3	3.4	3.1	343

　また、「⑦メニューの充実度」についても、男女とも、年齢が上がるにつれて評価が良くなる傾向にあります。

⑦メニューの充実度	平均	F2	年齢		小計	標本数
		35歳未満	45歳未満	45歳以上		
F1	男	2.8	3.3	3.5	3.1	185
性別						
	女	2.7	3.2	3.4	2.9	158
	小計	2.7	3.3	3.5	3.0	343

第3部　事例編

　一方、「①美味しさ」「⑧ヘルシー」「④ボリューム」「⑤食材」など、食事そのものについての評価には厳しいものがあります。
　以下は「①美味しさ」を性別・年齢別に見たものですが、どの年齢層ともに厳しい評価となっていますが、女性の方がより厳しい評価となっています。

①美味しさ	平均	F2		年齢			
		35歳未満	45歳未満	45歳以上	小計	標本数	
F1	男	2.3	2.2	2.2	2.2	185	
性別							
	女	2.1	2.1	2.1	2.1	158	
	小計	2.2	2.2	2.1	2.2	343	

　また「⑧ヘルシー」では、男性では熟年層の評価が厳しく、女性では逆に若年層の評価が厳しくなっています。

⑧ヘルシー	平均	F2		年齢			
		35歳未満	45歳未満	45歳以上	小計	標本数	
F1	男	2.5	2.5	2.4	2.5	185	
性別							
	女	2.3	2.6	2.7	2.4	158	
	小計	2.4	2.5	2.5	2.5	343	

　また、「③安さ」については、男女ともに、若年層の評価が厳しくなっています。

③安さ	平均	F2		年齢			
		35歳未満	45歳未満	45歳以上	小計	標本数	
F1	男	2.4	2.4	2.5	2.5	185	
性別							
	女	2.3	2.6	2.7	2.5	158	
	小計	2.4	2.5	2.6	2.5	343	

第10章　社員食堂の満足度調査
10.4　集計と分析

10.4.3 顧客満足分析

（1）全体分析

　以下は、社員食堂の総合評価を回復するために、どの個別要素を改善すべきかを、すべての回収データから顧客満足分析によって求めたものです。

評価項目	重要度	満足度	重要度指標	満足度指標	改善度指標
①美味しさ	−0.14	0.01	33.5	29.8	1.65
②早さ	0.13	0.15	42.7	43.9	−0.54
③安さ	0.19	0.13	44.9	42.2	1.23
④ボリューム	0.64	0.32	60.0	60.6	−0.25
⑤食材	0.57	0.23	57.7	52.0	2.69
⑥見た目	0.42	0.25	52.6	53.4	−0.38
⑦メニューの充実度	0.56	0.35	57.6	62.9	−2.41
⑧ヘルシー	0.60	0.09	59.0	38.2	13.54
⑨席待ちがない	−0.20	0.18	31.5	46.8	−7.34
⑩一人でも行きやすい	0.45	0.28	53.8	56.8	−1.41
⑪清潔感	0.27	0.31	47.7	59.4	−6.34
⑫スタッフの接客	0.61	0.26	59.1	54.0	2.38
平均	0.34	0.21			
標準偏差	0.29	0.10			

　全データによる顧客満足分析における改善度指標では、「⑧ヘルシー」が突出しています。女性では、美容や健康への関心から、また男性では、メタボリック症候群、高血圧、糖尿、高脂血症などの生活習慣への意識の高まりが背景にあり、社員食堂にもその対策が求められているものと思われます。

（2）性別分析

　以下は、以上の顧客満足分析を、男性と女性に分けて分析した結果です。

評価項目	男性	女性
①美味しさ	8.74	1.38
②早さ	−2.05	0.28
③安さ	2.29	−1.02
④ボリューム	12.25	−6.10

237

第3部　事例編

⑤食材	5.90	0.50
⑥見た目	0.18	6.06
⑦メニューの充実度	3.82	−0.45
⑧ヘルシー	13.83	11.07
⑨席待ちがない	−4.95	−13.88
⑩一人でも行きやすい	−2.17	−2.00
⑪清潔感	5.09	9.39
⑫スタッフの接客	3.99	−0.42

　男性では「⑧ヘルシー」に加えて、「①美味しさ」と「④ボリューム」が、また女性では「⑧ヘルシー」に加えて、「⑧見た目」「⑪清潔感」の改善が総合評価の回復につながることを示しています。

（3）年齢別分析

　以下は顧客満足分析を年齢別、すなわち「年齢① 35 歳未満」の「若年層」と、「年齢③ 45 歳以上」の「熟年層」に分けて分析した結果です。

評価項目	若年層	熟年層
①美味しさ	6.94	−0.45
②早さ	−2.95	−4.75
③安さ	0.56	−5.16
④ボリューム	3.40	−3.48
⑤食材	−2.45	6.92
⑥見た目	0.16	2.93
⑦メニューの充実度	8.21	−5.92
⑧ヘルシー	9.24	10.06
⑨席待ちがない	−17.38	0.44
⑩一人でも行きやすい	−0.88	−10.66
⑪清潔感	1.90	13.62
⑫スタッフの接客	−4.30	0.38

　35 歳未満の若年層では、「⑧ヘルシー」に加えて「①美味しさ」と「⑦メニューの充実」が、そして年齢 45 歳以上の熟年層では、「⑧ヘルシー」に加えて「⑤食材」と「⑪清潔感」への改善が求められています。

238

10.5 報告書の概要

10.5.1 アンケート調査の実施状況

(1) 調査目的

「社員食堂をどう改善すれば、経営が立て直せるか」その方向性を模索し、

- 社員食堂の利用に当たって、どのような不満要因が存在するのか
- どのような不満要因が改善されれば、また社員食堂を利用してもらえるのか

を明らかにするために、アンケート調査をすることにしました。特に、ここでは、利用者の意見もさることながら、あまり利用していない人からも広く意見を収集したいと考えています。

(2) 調査方法

社内ポータルのWebアンケート調査を利用しました。

(3) 調査期間

8月は夏休みや盆休暇などあわただしいため、9月を含めた二か月間を充てました。

(4) 回収状況

社内ホームページや社内報、ポスターなどによる協力要請の結果、87.9％の回収率を得ることができました。

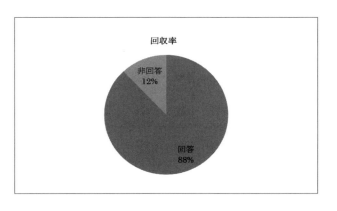

第3部　事例編

10.5.2 調査回答者の属性

(1) 回答者の性別

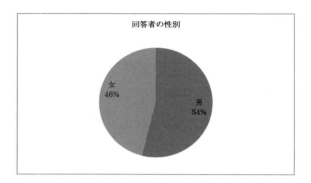

　回答者の性別構成では、男性54％、女性46％と、女性の方がやや回収率が高くはなっていますが、ほぼ社内構成比を反映しています。

(2) 回答者の年齢

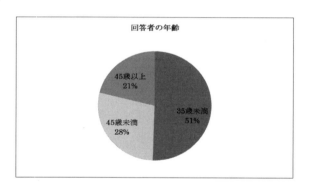

(3) 総合評価の状況

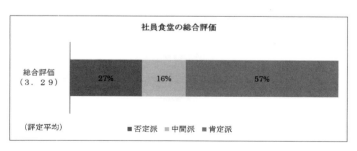

240

社員食堂の総合評価では、

● これからどの程度利用したいか

というように、将来に向けた利用意思からの評価を採用しました。
　なお、このグラフは、

　　　否定派＝「利用したくない（1）」＋「できれば利用したくない（2）」
　　　中間派＝「どちらともいえない（3）」
　　　肯定派＝「利用したい（4）」＋「できれば利用したい（5）」

というようにまとめたもので、「肯定派（57％）」が、「否定派（27％）」を大きく上回りました。その評定平均が 3.29 と、どちらともいえない（3）を上回っていることからも、社員食堂が、好意的、肯定的に受け止められている様子が確認できます。
　また、その評定平均を、性別年齢別に見ると、以下のように、男女とも年齢が上がるにつれて、評定平均も上がり、若年層からの評価が厳しくなっています。

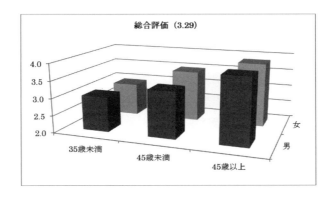

10.5.3 個別要素ごとの評価

以下のグラフでは、個別要素ごとの評価について、

不満派＝「たいへん不満」＋「やや不満」
中間派＝「どちらともいえない」
満足派＝「たいへん満足」＋「やや満足」

としてまとめています。また、各項目の（ ）内の数値は評定平均を示しています。

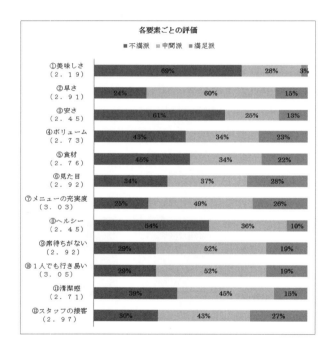

この評定平均が平均（どちらともいえない＝3）よりも高いのは、次の2つだけとなりました。

⑩一人でも行きやすい（3.05）
⑦メニューの充実度（3.03）

この「⑩一人でも行きやすい」を性別年齢別に見ると、男女ともに、年齢が上がるほど評定

平均も上がり、やや満足派が増える傾向にあります。

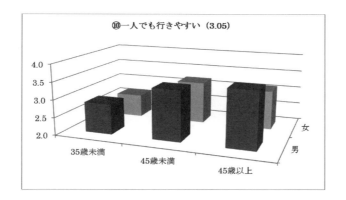

また、「⑦メニューの充実」においても、男女ともに、年齢が上がるほど、さらに満足派が増える傾向にあります。

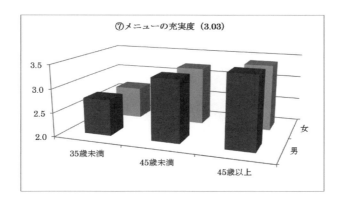

一方、評定平均が低い、すなわち「不満派」が多い項目としては以下があげられます。

①美味しさ（2.19）
③安さ（2.45）
⑧ヘルシー（2.45）

このうち、「①美味しさ」を同様に、性別年齢別に見てみると、年齢が上がるほどに満足派が逆に減り、特に女性の支持が得られていない様子が伺えます。

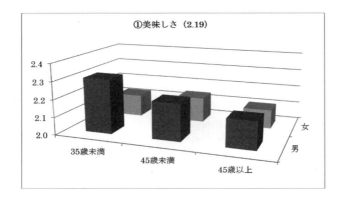

また、「①安さ」については、女性よりも男性からの支持が得られていない様子が伺えます。

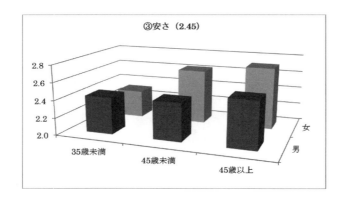

最後に「⑧ヘルシー」については、35歳未満の女性、45歳以上の男性からの支持が低くなっています。

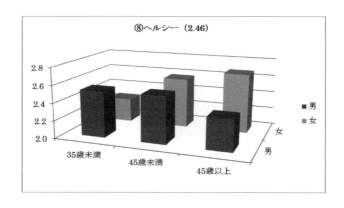

10.5.4 改善項目

　以上のアンケートデータに基づいて、総合評価を改善するために、どの個別要素を改善すべきか、すなわち、顧客満足分析によって改善項目を抽出します。ここでは、各評価要素と総合評価の相関関係から求めた重要度指標と、各評価要素の満足度から求めた満足度指標から、改善度指標を算出します。この改善指数が、

　　　5以上であれば検討が求められ、
　　　10以上であれば改善が求められることになります。

（1）全体分析

　すべての回収データを用いた顧客満足分析の結果は以下のとおりです。

評価項目	重要度指標	満足度指標	改善度指標
①美味しさ	33.5	29.8	1.65
②早さ	42.7	43.9	−0.54
③安さ	44.9	42.2	1.23
④ボリューム	60.0	60.6	−0.25
⑤食材	57.7	52.0	2.69
⑥見た目	52.6	53.4	−0.38
⑦メニューの充実度	57.6	62.9	−2.41
⑧ヘルシー	59.0	38.2	13.54
⑨席待ちがない	31.5	46.8	−7.34
⑩一人でも行きやすい	53.8	56.8	−1.41
⑪清潔感	47.7	59.4	−6.34
⑫スタッフの接客	59.1	54.0	2.38

　ここでは、「⑧ヘルシー」だけが改善度指標が10を超えているので、総合評価を回復するためには「⑧ヘルシー」を改善すべきことを示しています。

第3部　事例編

（2）性別改善度指標

続いて、男女別に顧客満足分析を行った結果が以下です。

評価項目	男性	女性
①美味しさ	8.74	1.38
②早さ	−2.05	0.28
③安さ	2.29	−1.02
④ボリューム	12.25	−6.10
⑤食材	5.90	0.50
⑥見た目	0.18	6.06
⑦メニューの充実度	3.82	−0.45
⑧ヘルシー	13.83	11.07
⑨席待ちがない	−4.95	−13.88
⑩一人でも行きやすい	−2.17	−2.00
⑪清潔感	5.09	9.39
⑫スタッフの接客	3.99	−0.42

もし、男性社員の総合評価を改善するのであれば、「⑧ヘルシー」に加えて、「④ボリューム」「①美味しさ」の改善が求められます。また、女性社員の総合評価を改善するのであれば、「⑪清潔感」「⑥見た目」を改善すべきことを示しています。

（3）年齢別改善度指標

続いて、年齢別に改善度指標を計算した結果です。ここでは、35歳未満の若年層と、45歳以上の熟年層の2クラスを比較しています。

評価項目	若年層	熟年層
①美味しさ	6.94	−0.45
②早さ	−2.95	−4.75
③安さ	0.56	−5.16
④ボリューム	3.40	−3.48
⑤食材	−2.45	6.92
⑥見た目	0.16	2.93
⑦メニューの充実度	8.21	−5.92
⑧ヘルシー	9.24	10.06
⑨席待ちがない	−17.38	0.44

246

第10章　社員食堂の満足度調査

10.5　報告書の概要

⑩一人でも行きやすい	−0.88	−10.66
⑪清潔感	1.90	13.62
⑫スタッフの接客	−4.30	0.38

　もし、若年層の総合評価を改善するのであれば、「⑧ヘルシー」に加えて、「①美味しさ」「⑦メニューの充実」の改善が求められ、また、熟年層の総合評価を改善するのであれば、「⑪清潔感」「⑤食材へのこだわり」を改善すべきことを示しています。

10.5.5　まとめと提言

　今回の顧客満足分析では、強く「⑧ヘルシー」への改善が求められています。その対策としては、

- 美容や健康に良い食材の採用
- 塩や油を抑えた調理
- 適正カロリーを維持した料理

などがあげられます。

　さらに、以下のような対策の検討が求められます。

④ボリューム

　　ボリュームへの不満要因とは、ボリュームが足りないことですが、単にボリュームを増やすのではなく、ヘルシーとの両立が求められていることから、

　　　サラダバーやバイキング方式のように調整できる供給

　　　低カロリー食材の活用

　　　見た目による工夫

などが考えられます。

②美味しさ

　　これは感覚的、主観的な評価要素で、美味しさとは何かを、モニタリングや試食会などを通して追及する必要があります。

⑪清潔感

　　清潔感への対策としては、改装など一時的なものと、掃除清掃という日常的な対策に分けられます。

⑤見た目

これも、食器の入れ替えや充実など一時的な対策と、彩りを考慮したメニューや食材の工夫など、日常的な対策に分けられます。

⑦メニューの充実

メニューに対する不満要因は、「いつも同じメニューで飽きる」ことですから、

恒常的にメニューを増やす

四季などの季節感を取り入れながらメニューを入れ替える

日替わり、週替わり、月替わりのように間隔的にメニューを入れ替える

対策などが考えられます。

⑤食材へのこだわり

美味しい料理には、良い食材が不可欠ですが、

どれだけコストをかけられるか

調達ルートが開拓できるか

という問題でもあります。

以上のように総合評価を回復するための対策は、

● ターゲットは誰か

すなわち誰をめがけて改善するのかによって、改善すべき要素が変わってきます。

● いくら必要か

イニシャルコストやランニングコストなど、改善のために、いくら必要か、いくらかけられるかによって範囲が限定されてきます。

● どこまでできるか

いくらコストをかけても最終的にやるのは人間であり、料理人やスタッフの実力も必要です。場合によっては、外部から人材を調達する必要があるかもしれません。

参考文献

『マーケティング調査入門』本多正久、牛澤賢二 共著、倍風館

『マーケティング調査とデータ解析』本多正久 著、産業能率大学出版部

『アンケート調査・分析ができる本』岩佐英彦、宿久洋 共著、秀和システム

『アンケート調査とデータ解析の仕組みがよ～くわかる本』竹内光悦、元治恵子、山口和範 共著、
　　秀和システム

『卒論・修論のためのアンケート調査と統計処理』岩村光資郎、岩村友二郎 共著、岩村貞夫 監修、
　　東京図書

『紙を使わないアンケート調査入門』豊田秀樹 編著、東京図書

『経営のための KJ 法入門』井上省吾、畠山繁男 共著、日本能率協会

『新 QC 七つ道具入門』猪原正守 著、日科技連

『演習新 QC 七つ道具』二見良治 著、日科技連

『初めてでもできる　社会調査・アンケート調査とデータ解析』安藤明之 著、日本評論社

索 引

［ギリシャ文字・数字］

χ^2 検定 118
100％積み上げグラフ 137
3D グラフ 138

［A］

ABS 関数 155
AND 検索 20
ATAN2 関数 155
ATAN 関数 155
AVERAGE 関数 149, 152

［C］

CORREL 関数 131, 150
COUNTIF 関数 149
COUNT 関数 149
CSV ファイル 29
CS 分析 147

［D］

DEGREES 関数 155

［E］

e-Stat 25
Excel ファイル 29

［G］

Google 19

［K］

KJ 法 35

［M］

MA 49
MEDIAN 関数 125

［N］

MODE 関数 125

NOT 検索 22

［O］

OCR 100
OMR 99
OR 検索 21

［P］

PDF 30
p 値 118

［R］

RA 49

［S］

SA 49
STDEV.P 関数 127, 152
STDEV.S 関数 127

［U］

URL 23

［V］

VA 50
VAR.P 関数 126
VAR.S 関数 126

［W］

Web アンケート 11

［あ］

あいまいな表現 50
アフターコーディング 98
アンケート集計システム 65
アンケート調査 9
アンケート調査票 47

索 引

意見調査	7
意識調査	7
因果関係	116
円グラフ	135
帯グラフ	136

[か]

カイ 2 乗検定	118
回帰分析	131
回帰モデル	134
改善度指標	153, 158
回答数エラー	107
街頭調査	10
回答データ	79
回答を誘導	52
学術調査	5, 18
仮説	31
カテゴリーデータ	109, 110
株価チャート	139
観察法	8
完全一致検索	22
官庁統計	5, 17
関連図法	36
関連性	115
キーワード検索	20
起承転結	160
既存調査資料	17
基本統計量	149
帰無仮説	31, 118
キャリーオーバー効果	60
協力依頼文	60
句点	163
句読点	163
グラフ	134
グルーピング	58
クロス集計	89, 112, 129
系統図法	37
系統抽出法	42
計量項目	50, 57

計量データ	109, 123, 129
決定係数	133
研究論文	160
検索件数	24
検定	117, 118
検定仮説	31
検定統計量	118
広告調査	8
公的調査	5
公平	52
顧客満足分析	147
弧度法	154
個別評価要素	148

[さ]

サイト内検索	23
最頻値	125
差別用語	53
三角関数	155
三段構成	160
散布図	139
散布度	126
市場調査	7
実験法	9
実態調査	7, 15
質問区分	49
質問順序	58
質問調査	44
質問票	47, 61
質問文	50
質問法	8
四分位数	127
四分位データのばらつき	139
社会調査	3
自由記述式	47
集計	109
集計パラメタ入力	89
重要度	149
条件エラー	106

251

商圏調査	7
消費者調査	7
事例的社会調査	3
新 QC 七つ道具	35, 36, 37
親和図法	35
数値項目としての集計	93
正確な表現	165
正の相関関係	130
政府統計	25
絶対値	155
世論調査	7
全数調査	41
選択肢	54
選択式	47
層化抽出法	43
相関関係	129
相関係数	129
相関分析	129
総合評価	147

[た]

第 1 四分位数	128
第 2 四分位数	128
第 3 四分位数	128
対立仮説	31, 118
択一項目	49, 54
択一項目の集計	91
タンジェント	155
単純集計	85, 110
中央値	124
調査仮説	30, 31
調査企画書	45
調査主体	5
調査対象	4
調査対象者	41
調査単位	41
調査テーマ	14
調査内容	7
調査票	47

調査票の回収	97
調査報告書	159, 170
調査方法	8, 44
調査目的	6, 15
重複否定	52
慎むべき表現	166
積み上げグラフ	136
提案調査	16
定性調査	44
定点観測	38
定量調査	44
データエラーチェック	81, 105
データ定義	70
データ定義エラーチェック	76
データ入力	99
データフレーム作成	78
手入力	100
電話調査法	10
度	154
統計的社会調査	3
統計法	5
読点	163
独立性	115
トレンド分析	38

[な]

ナンバリング	98
二重否定	164

[は]

箱ひげグラフ	139
範囲	127
範囲エラー	105
ヒストグラム	141
標準化	152
標準偏差	126, 152
評定項目	49, 56
平等	52
標本	41

索 引

標本調査 41
標本分散 126, 127
フェイスシート 59
複数選択項目 49, 56
複数選択項目の集計 93
複数の論点 52
負の相関関係 130
不偏分散 126, 127
ブレーンストーミング 34
分散 126
文章の仕上げ 168
文章の種類 159
分析 109
平均値 124, 149, 152
偏差値 152
棒グラフ 134
訪問調査 9
母集団 41

[ま]

まぎらわしい表現 51
満足度 149
民間調査 5, 18
無作為抽出法 42
無相関 130
面接調査法 9
目視チェック 97

[や]

有意水準 118
郵送調査法 10
要約 173
要約統計量 123
四段構成 160

[ら]

ラジアン 154
乱数 42
ランダムサンプリング 42

リポート 161

[わ]

分かりやすい文書 162

253

■ 著者プロフィール

岩田安雄（いわた・やすお）

産業能率短期大学（現産業能率大学）EDP 研究所に入職以来、社会人教育部門を経て、学生教育に従事、情報マネジメント学部教授を経て、現在はフリーライターとして活躍中。著書に、CASL、C プログラミング、ビジネスゲームで鍛える経営力など多数。

小田真由美（おだ・まゆみ）

産能大学（現産業能率大学）大学院　経営情報学研究科　経営情報学専攻修士課程修了。専門学校教員、ハローワーク主催のパソコン教室講師を経て、現在は産業能率大学で兼任講師として活躍中。

Excel を使ったアンケート調査
Excel によるアンケート集計システムを使う

2016 年 12 月 10 日　　初版第 1 刷発行

著　者	岩田 安雄／小田 真由美
発行人	石塚 勝敏
発　行	株式会社 カットシステム
	〒 169-0073 東京都新宿区百人町 4-9-7　新宿ユーエストビル 8F
	TEL （03）5348-3850　　FAX （03）5348-3851
	URL　http://www.cutt.co.jp/
	振替　00130-6-17174
印　刷	シナノ書籍印刷 株式会社

本書に関するご意見、ご質問は小社出版部宛まで文書か、sales@cutt.co.jp 宛に e-mail でお送りください。電話によるお問い合わせはご遠慮ください。また、本書の内容を超えるご質問にはお答えできませんので、あらかじめご了承ください。

■ 本書の内容の一部あるいは全部を無断で複写複製（コピー・電子入力）することは、法律で認められた場合を除き、著作者および出版者の権利の侵害になりますので、その場合はあらかじめ小社あてに許諾をお求めください。

Cover design　Y.Yamaguchi　　　© 2016 岩田安雄／小田真由美
Printed in Japan　ISBN978-4-87783-414-2